影响力密码

打开协作中的锁

王明伟◎著

北京日报出版社

图书在版编目（C I P）数据

影响力密码 / 王明伟著. -- 北京 : 北京日报出版社，2021.4（2024.2重印）
ISBN 978-7-5477-3869-6

Ⅰ. ①影… Ⅱ. ①王… Ⅲ. ①人际关系学－通俗读物
Ⅳ. ①C912.11-49

中国版本图书馆CIP数据核字(2020)第206205号

影响力密码

出版发行：北京日报出版社
地　　址：北京市东城区东单三条8-16号东方广场东配楼四层
邮　　编：100005
电　　话：发行部：（010）65255876
　　　　　总编室：（010）65252135
印　　刷：天津创先河普业印刷有限公司
经　　销：各地新华书店
版　　次：2021年4月第1版
　　　　　2024年2月第2次印刷
开　　本：710毫米×930毫米　1/16
印　　张：16.5
字　　数：198千字
定　　价：56.00元

谨以此书献给

所有想在职场中体现更大价值的奋斗者！

推荐序

提升一项关键能力，搞定两种协作场景

2014 年，明伟老师出版了积极影响力方面的著作《积极达成》，并且在同年 6 月的《哈佛商业评论》上发表了“中层管理者 4 招消除转型焦虑”的文章来介绍书中的核心方法，我正是这篇文章的编辑，我们也由此相识。今年，他告诉我他的新书《影响力密码》准备出版，并邀请我来写新书的推荐序。首先，我要祝贺明伟老师笔耕不辍，硕果累累，又为管理学界增添了一本实用好书；其次，我也很荣幸能将这本书中的重要理念介绍给大家。

明伟老师告诉我：他希望能用“影响力密码”帮助广大职场人“打开协作中的锁”。这句话引起了我的共鸣，因为在“组织内部如何更好地协作”也是《哈佛商业评论》特别关注的课题，刊登过很多国内外专家关于“协作”的研究成果和文章。

作为读者，你翻开这本书，说明对这个话题也一定有兴趣。所以，借这个机会，我也给大家分享两个在《哈佛商业评论》上发表过的重要观点。

第一，协作不畅往往是导致企业战略无法有效执行的重要原因。

在 2015 年 3 月的《哈佛商业评论》上，唐纳德 · 苏、丽贝卡 · 霍姆克斯和查尔斯 · 苏等三位学者发表了文章《战略执行 5 大误区》，该文章浓缩了他们利用 9 年时间，对 250 家公司的近 8000 名管理者进行深入调研之后的成果。他们在文中提到“当被直接问及跨部门协调的重要性时，他们（被访谈的管理者）都对此表示认可。但在被问及战略执行的最大挑战时，有 30%的人提到了跨部门合作不利。跨部门合作不畅还会导致各职能和业务部门之间产生冲突，而且这些冲突十之八九得不到妥善处理。38%的冲突经过长期拖延才得以解决；14%的冲突很快得到解决，但效果很差；而 12%的冲突被搁置，任其恶化”。这些数据都鲜活地说明了协作不畅给战略执行带来的巨大负面影响。

第二，想让协作更加顺畅，企业需要培养员工的相关能力。

在 2019 年 12 月的《哈佛商业评论》上，哈佛商学院教席教授弗朗西丝卡 · 吉诺在对乔布斯创办的皮克斯等全球知名企业研究之后，发表了《破解长久合作困局》的文章。她认为：领导者仅仅为员工灌输协作的价值观或者设计便于合作的组织架构是不够的，还应该通过培训等手段培养员工的相关能力。

吉诺教授“通过培养员工能力来提升组织协作效率”的观点与本书的核心理念不谋而合。我把本书的内容总结为**“提升一项关键能力，搞定两种协作场景”**。

一项关键能力是指影响力。在跨部门协作中，我们和跨部门的同事是平等的，没有权力命令对方，所以需要发挥影响力来影响对方与自己更好地协作。而在日常工作中，主要的两种协作场景有“一对一沟通协作场景”和“一对多跨部门协作场景”。“一对一沟通协作场景”是指我们经常需要和跨部门的同事进行沟通来推动协作；“一对多跨多部门协作场景”是指我们会被公司委以重任，牵头负责某些跨多部门的复杂协作项目，比如作为人力资源部门，推动各个部门进行绩效管理改革等。按照我的理解，这两种协作场景如果都能有方法来解决，就解决了组织协作中的很大一部分问题。让人高兴的是，针对这两种协作场景，明伟老师在书中都给出了相应的工具和方法，来帮助大家提升影响力。

此外，本书在以下两个方面也给我留下了很深的印象。

第一，给出了清晰的发挥影响力的步骤和方法，方便读者运用。

本书没有简单罗列一些所谓的影响力原则，而是针对上面提到的两种协作场景，给出了明确的发挥影响力的步骤和方法，并进行了详细的讲解，这样读者才容易上手运用。

第二，分享了很多国内企业使用该方法的实操案例，方便读者理解。

书中还结合这些方法分享了很多国内企业的实操案例，这些都是明伟老师在给国内众多企业做培训和咨询积累下来的真实案例。这种方式能够帮助读者把理论与实践结合起来，让大家学到真正的经过国内企业环境检验的接地气的方法。

所以，如果你是职场人，阅读本书可以直接掌握和他人高效协作的具体方法，提升自己的工作效率；如果你是管理者，阅读本书可以把书中的方法分享给团队成员，提升团队的跨部门协作效果。

最后，我还是要再次祝贺明伟老师的新书出版。在我认识的年轻学者中，明伟老师是非常勤奋且成果卓然的一位，期待他在自己专注的领域内，为广大读者带来更多、更好、更实用的管理工具和方法。

《哈佛商业评论》中文版高级编辑总监 李源

2021 年 3 月 1 日

通过影响力，提升组织协作效率！

2004年到2015年期间，我创办了国内企业教育培训规模最大的公司之一——凯洛格公司，以及后续独立分拆出来的移动教育品牌“思酷教育”。王明伟老师是我当时的同事，当年他从世界500强企业跳槽来做我们的核心讲师，为很多企业家及其团队做管理能力方面的培训。我们始终坚持要有国际化的视野，不能“瞎子给瞎子指路”，所以我们除了和哈佛商学院的在线学习方面达成中国的独家合作，还和很多国际化的教育机构达成中国的独家合作，引进全球最好的企业培训内容。

当时给我印象最深的是明伟老师的学习速度，短短几年，他成了我们的客户学员中最受欢迎的讲师之一，很多客户为了等他的时间，可以把培训安排延迟几个月；更让我敬佩的是他还持之以恒地写作，在微信逐步崛起的几年中，他几乎每隔两三天就在微信公众号里发表一篇专业文章，吸引了大批的粉丝，成为一个专业的意见领袖。他每天给最优秀的企业里面的团队带来最前沿的思考工具和案例，同时也从最优秀的团队中吸收养分，我想也是他在这个岗位繁忙奔波之间给他带来的最好的礼物吧。

2016年，对于我们两人来说，都是新的起点。我进入创业投资领域，先是成为创业邦合伙人，后创立了连界资本。他则创立了勃朗峰咨询，开始建立自己的咨询和培训品牌。这次他出版《影响力密码》，特别邀请我来为本书写推荐序，我也非常高兴和大家分享我对于创业、投资以及本书的一些感悟。

我很早就知道明伟老师在影响力领域投入了巨大的精力，进行了深入的研究，他不但研究了欧美主流的个人影响力提升的方法论，还立足国内的实际情况，总结出一套适合中国国情的个人影响力提升的方法体系，同时很多国内外各个行业的领军企业引入了这套方法，取得了不错的效果。

我在创业和做投资人的这些年中，深切地感受到：**对于一家企业来说，内部的协作效率，很大程度上决定了这家企业的竞争力。**如果企业内部部门墙林立，协作效率低下，无法快速响应市场要求的变化，肯定会被淘汰。这一点不管对于成熟企业还是创业企业来说都是一样的。如何提升组织内部的协作效率，是大家都非常关心的问题。很多企业不但在内部倡导相互合作的组织文化，而且制定了很多制度来推动内部协作，但是效果仍然不佳。尤其是最近几年，作为投资人，我也更加关注如何帮助创业企业提升内部协作效率。

对于这个问题，明伟老师的这本《影响力密码》给我们提供了一个新的思路：**通过提升组织内部每个人的协作能力，来更加有效地推动组织内部的协作。**这一观点，让我耳目一新：组织内部的协作说到底还是人与人的协作。作为一项内部协作任务的推动者，如果自身的影响力不够，得不到其他部门的认可，肯定无法高效推进协作，达成事情应有的结果。所以，如果我们能够提升组织内部每个人（尤其是关键岗位的人员）的影响力，也就为提升组织协作效率多了一条路。

在仔细读过书稿之后，我深感此书适用范围很广，我们太需要一个适合中国企业内部协作效率提升的工具了。无论是大型企业的管理团队，新业务的设立团队，还是创业者，都可以好好看看此书。我也会把此书和里面的工具，推荐给我们孵化、投资的诸多创业团队，以及和我们紧密合作的众多大型企业。

持续创业者、连界资本董事长 王玥

2021 年 2 月 8 日

C O N T E N T S

目录

第一部分
PART ONE

影响力
高潜人才的核心能力

第 二 部 分

P A R T T W O

一对一协作场景：沟通型影响力

第 三 部 分

PART THREE

一对多协作场景：策略型影响力

第四部分
PART FOUR
胜利在望

(CODE OF INFLUENCE
影响力密码)

PART ONE

第一部分

影响力——高潜人才的核心能力

PREFACE

前言

影响力是帮你拿到高薪的核心能力

不论什么行业，职位的含金量越高，依靠影响力来完成的协作型工作占比往往也越大。

初入职场时，大家都是从同样的起点出发的，但是总有少数人能够在很短的时间内脱颖而出，获得更好的发展机会。那么他们是如何从激烈的竞争中快速胜出的?

这类人在组织内部被称为“高潜人才”，组织会向他们倾斜培养资源，如：专门为他们设计有针对性的培训项目（通常是至少长达一年时间的培养期，会提供各个方面的优质培训课程），或者聘请资深企业教练做他们的顾问实施一对一服务。因为我的培训课程和咨询服务的主要对象之一就是高潜人才，所以，我十多年来一直保持着和这个群体的密切互动。在给他们培训或者咨询的过程中，我得到大量的机会来观察和研究这个群体，帮助我回答这个核心问题：**“他们是如何从激烈的竞争中快速胜出的？”**

第一，想要得到更好的发展机会，协作型工作必须出色！

进入职场之后，我们的工作主要由两部分组成：独立型工作和协作型工作。独立型工作是指依靠自身的专业能力就能独立完成的工作，比如：程序员自己就能完成代码的编写、财务人员自己就能计算财务数据、图形设计师自己就能设计宣传海报等。协作型工作是指需要跟他人配合，借助别人的力量才能做好的工作，比如：程序员需要和产品经理协作才能更好地把握需求的方向，让自己编写的代码满足用户需求；财务人员需要和各个部门配合才能更好地上传下达各种财务制度；图形设计师要和市场宣传的同事沟通才能更好地让设计的海报达到宣传效果等。在职业发展的过程中，这两部分工作起着不同的作用：**独立型工作做得好只能让你在职场生存，协作型工作做得好才能让你加速发展。**

在给国内很多大型房地产企业（如万科、碧桂园和华润等）上课的过程中，我发现在房地产企业中，有一个岗位是人人都羡慕的金领职位——区域总经理（简称“区域总”），他们负责操盘某个片区（少则几个城市，多则几个省）的所有房地产项目。能攀升到这个职位的人都操盘过大卖的经典楼盘项目，不仅在行业内名声大噪，丰厚的薪资就不更用说了，比如：2016年，碧桂园就有一位区域总由于业绩出色，个人当年的总收入过亿。虽然不是所有的区域总都能达到这个水平，但其薪资水平还是令人羡慕的。

区域总的成长路径是这样的：第一步，成为一名项目总。先操盘一个房地产项目快速积累经验；第二步，成为一名城市总。经过几个项目的锻炼，公司在进入一个新的城市做房地产项目时，就会把你从项目总提拔为城市总，负责该城市多个新项目的开发；第三步，成为区域总。如果你在城市总的岗位上做得很出色，下一步就可能从城市总提拔为区域总，操盘区域内多个城市的所有项目。从区域总的成长之路来看，实现鲤鱼跳龙门最关键的一步就是先要成为一名项目总，这个岗位的年薪就已经是百万级别了。这么好的职业机会，公司会给什么样的人呢？

我有幸为万科的预备项目总做过数年培训，万科一直都把预备项目总作为高潜人才进行大力培养。这些预备项目总很年轻，很多都不到30岁，他们来自各个部门，如：财务部门、工程部门及设计部门等。在和预备项目总培训项目的负责人沟通的过程中，我向负责人请教过他们选拔预备项目总的标准是什么。她告诉我，这些预备项目总并不是专业技术能力最强的，但在原来的工作岗位上和其他部门的协作型工作都做得非常出色，这是他们能被选为预备项目总最主要的原因。因为项目总需要进行大量协作型工作。对内，要协调和项目相关的各个部门，如方案设计、施工建设以及营销等；对外，要协调各个政府部门、设计院和工程监理等。项目总不但要把内外部的这些相关方都理顺，还要让他们能够高效协作，才能把项目做好。他这一根针要把各方面的千条线都串起来。

在进入万科时，这些年轻的预备项目总和其他人一样凭借自己的专业能力进入了财务部、设计部和工程部等部门。但在职业发展过程中，正是协作型工作的出色表现让他们快速脱颖而出，不仅得到了年薪百万的项目总职位，而且为未来成为区域总打开了一扇重要的大门。

第二，影响力是做好协作型工作的核心能力。

协作型工作可以分为两部分：依靠职权完成的协作型工作和无法依靠职权完成的协作型工作。

前者顾名思义，是指公司赋予你一定的职权，你可以利用这些职权要求别人配合你的工作，比如：产品经理可以向研发部门提出研发需求，研发部门一定会安排人手和你对接；财务经理可以要求分公司按时提交相关的财务数据，各分公司肯定会予以配合等。完成这部分协作型工作的难度并不大，因为公司明确地赋予你职权来要求其他人与你协作。换句话讲，如果换另一个人来做这部分工作，依靠公司赋予的职权，也能把这部分工作完成得很好。

无法依靠职权完成的协作型工作才是最有挑战的部分，因为对方和你是平等的，有时甚至更强势，你并没有权力去命令或者要求别人。在这种情况下，影响力可以帮助我们出色地完成这类协作型工作。在《韦氏词典》

中，“影响力”的定义是**“在没有权力的情况下，以间接或无形的方式产生效果的能力”**。

基于十多年来给各个行业做培训和咨询的观察，我发现：不论什么行业，职位的含金量越高，依靠影响力来完成的协作型工作占比往往也越大。换句话说，影响力是帮助你拿到高薪的核心能力。

以医药行业为例：不管是在国内本土药企还是国际大型药企，MSL 这个职位不仅备受重视，而且扮演着越来越重要的作用。MSL 起源于美国，是由 Medical、Science、Liaison 这三个英文词首字母缩写而成，中文叫“医学科学联络官”。MSL 是药企与医生进行医学科学沟通的桥梁，为医生提供药品安全及合理使用的医学证据，这是一个需要进行大量内外部协作的工作。

MSL 工作内容光鲜且薪资待遇优厚，MSL 往往掌握着全球最新的研究数据和医学理念，在日常工作中接触的都是知名的医学专家，而且经常举办高水平的医疗学术会议，从工作内容上来看绝对高大上。2019 年，美国知名的 MSL 社区的调查数据（见下页）显示：工作经验在一年之内的 MSL 新人底薪是 14.42 万美元（约合 93 万人民币），工作经验 15 年以上的 MSL 专家达到了 19.9 万美元（约合 128 万人民币）。

MSL 最重要的两项工作都无法借助职权完成，必须依靠影响力：

第一，发展与众多治疗专家的专业关系。这里说的治疗专家是指国内医学领域的权威医生，大都是大型三甲医院的主任或专家。很显然，MSL 是没有什么权力来要求和命令治疗专家的，只能通过发挥影响力让治疗专家认可 MSL 推行的科学处方理念。一个 MSL 日常要维护与 20~30 名治疗

2019 年美国知名 MSL 社区调查数据

专家的沟通工作，这些治疗专家往往都学术功底深厚，自主意识非常强，可想而知，想要影响他们的理念绝非易事。

第二，举办非推广性学术会议。通过讲解和传达最新的临床试验和治疗等真实医学数据，帮助医生建立科学的治疗和用药理念。公司会要求 MSL 每个月都要举办 2~4 场这样的学术会议，每场学术会议都要达到至少几十人参会的规格。MSL 一方面要邀请治疗专家作为讲者来讲解最新的临床用药实践，另一方面要邀请各大医院相关科室的医生作为听众来参加会议。如果 MSL 没有很强的影响力，不可能每个月都能让近百位医生放下手头繁重的医疗工作自愿出席这些会议。

其实在各行各业，凡是含金量高且不易被替代的职位，“影响力”都是胜任这类职位的核心能力。**“如何快速提升你的影响力，让你出色地完成协作型工作，得到更好的发展机会”** 正是本书的主题。

本书给大家带来哪些价值？

作为一名专注于影响力提升方面的培训师，我日常的一部分工作就是研究当下国内外影响力领域的各类书籍，我发现这些书籍普遍存在以下两个问题：

第一，难以学以致用。这类书籍绝大多数只是罗列了一些基于心理学实验的影响力原理和工具，有的书籍提到的工具甚至多达50种，但这些书中都缺乏把这些工具串起来的整体思路和步骤，没有明确指导读者应该在什么情况下使用以及如何具体使用。

第二，缺乏国内实操案例。欧美对影响力的研究起步较早，所以很多影响力书籍都是国外作者的作品，其中的案例也都是国外的案例。但国外的文化价值观以及企业实际情况和国内还是存在很大差别的，在阅读过程中我时常都会产生这样的疑问：“这样做在国内合适吗？”我希望能够提供给读者适用于国内职场环境的案例和做法。

鉴于此，我决定从更加适合国内读者使用的角度来写这本书。

第一，提供完整的思路方法，帮助大家即学即用。不只是简单罗列一些影响力工具给大家，而是要帮助大家回答一个关键问题：**“在什么场景中，以什么样的思路和步骤来运用哪些具体工具才能高效发挥影响力达成**

你想要的结果？”只有回答清楚了这个问题，大家才能把学到的方法用起来。因此，书中讲解的逻辑是：首先，明确哪些场景是我们需要发挥影响力的重要工作场景；其次，针对重点场景，讲解对应的影响力整体思路和步骤，教大家应该怎么一步步做；最后，讲解每个步骤中具体用到哪些影响力工具以及怎么用，通过这个逻辑来帮助大家做到即学即用。

第二，提供更多实操案例，方便读者应对国内职场难题。综合十多年来在国内给各大企业授课和咨询的亲身经历，我在书中加入了更多国内的实操案例。考虑到读者的行业以及职位不同，在挑选案例时，我不仅精选了各个岗位的案例，比如销售、财务、人力资源、生产、产品经理等，还挑选了各种行业的案例，比如IT、互联网、房地产、医疗、制造业等。当然，我同时也精选了一些国外通用性比较强的经典案例，比如微软、杜邦和英国石油等世界500强企业的案例，方便大家从国内外的案例中得到更多启示。

本书适合哪些读者？

1. 广大职场人：影响力是职场人必备的核心能力。只有通过提升自己的影响力，才能出色地完成协作型工作，体现出我们在组织中的价值，获得更好的发展机会。

2. 团队管理者：作为管理者，不管是对内管理团队还是对外跨部门协作，都离不开影响力，希望本书提供的方法能够帮助管理者提升影响力，做好团队内外的各项工作。

本书的结构

本书分为四个部分：

第一部分，影响力——高潜人才的核心能力。

重点介绍提升影响力必须了解的三大密码，并聚焦到两大需要发挥影响力的重点协作场景“一对一沟通协作场景”和“一对多跨部门协作场景”。

第二部分，一对一协作场景：沟通型影响力。

“一对一沟通协作场景”是工作中高频率出现的一种协作场景，我们需要发挥“沟通型影响力”。这部分重点介绍“沟通型影响力”的四个步骤，以及每个步骤中所用到的工具，并通过国内外实操案例来讲解如何运用，帮助大家在日常沟通中高效达成想要的工作结果。

第三部分，一对多协作场景：策略型影响力。

“一对多跨部门协作场景”是指需要同时影响多个影响对象的工作场景，我们需要发挥“策略型影响力”，通过制定巧妙的影响力策略来事半功倍地推动大家积极参与到协作中来。这部分重点介绍“策略型影响力”的四个步骤，以及每个步骤中所用到的工具，并通过国内外实操案例来讲解如何运用。

第四部分，胜利在望：成为影响力高手。

这部分重点介绍个人提升影响力的练习方法。

感谢

在本书中我借鉴和参考了各个领域多位专家和大师的观点，由于人数较多，无法逐一感谢，在此一并感谢这些专家和大师给我的启发和灵感，以及为书中的模型和工具提供理论依据。

感谢网易、京东、奥迪、米其林、强生、诺和诺德和碧迪等国内外知名企业引入我的影响力课程，让课程给学员们带来实实在在的价值。

感谢阳光博客主编牛瑞华老师对本书出版所付出的巨大心血，感谢郑连娟老师一直对本书的关注并提出很多宝贵的建议。

感谢我的太太成为本书的第一位读者，并且花了大量的时间协助我进行校对工作。

感谢我的好友孙晓楠、胡瑛、张峥十多年来对我的支持。

感谢所有在本书的完成过程中做出贡献和幕后默默无闻奉献的朋友。

OPENING

开启篇

影响力三大密码

影响力不足是很多人在工作中的绊脚石，而那些具备超级影响力的人究竟掌握了怎样的影响力密码？

知识卡片

密码1：场景化，场景不同决定了影响力方法的不同。

✓ 一对一场景：影响对象只有一个。

✓ 一对多场景：影响对象有多个。

密码2：多样化，根据不同场景，需要准备多种多样的影响力工具。

密码3：系统化，针对不同场景，需要用系统化的思路把多种影响力工具有机地整合起来使用。

你是否曾面临这样的场景：

——你刚刚入行做销售，迫切地希望和一个意向客户尽快把订单签下来，但客户却用各种理由拖延，眼看着试用期快到了，工作仍一筹莫展。

——你刚刚被提升为经理，领导让你负责一个重要的跨部门项目。一开始你信心满满并制订了详细的计划，但很快就发现其他部门对于你分配的任务敷衍了事，甚至干脆不做。项目的截止日期一天天迫近，除了找领导申诉之外，你也无计可施。可如果每次遇到问题都去找领导，那在这个项目中你的价值究竟体现在哪里？

——作为公司财务部门的负责人，你要负责推动公司各个部门压缩成本勤俭节约。你想到了一些简单易行的方法，比如：打印文件由单面打印改成双面打印，每天下班把办公区和会议室的灯以及饮水机关掉，等等。原本你认为这些简单的事情大家都做得到，结果发现执行效果并不理想，推动了几个月，成本并未有所缩减。

解决上述问题的唯一途径，就是让别人接受我们的观点，让他们以我们希望的方式去思考，做出合乎我们意愿的选择，或是达成我们希望的改变。这就是我们每天都需要发挥的“影响力”。

但是，影响力不足却成了很多人在工作中的绊脚石。在研究了 250 家公司和 8000 多名管理者之后，唐纳德 · 苏（麻省理工斯隆商学院任教）和瑞贝卡 · 哈姆克斯（伦敦商学院任教）在 2015 年 3 月份的《哈佛商业评论》上发表了一篇文章，给出了人们在缺乏影响力方面的一组惊人数据：参与调查的管理者当中，每三人就有一人存在因影响力不足而无法推动跨部门协作的问题。由于常年给国内的各大企业做培训和咨询，我深切地体会到影响力不足的问题在国内企业中也广泛存在。

因此，我开始思考两个关键问题：

第一，有没有人能够成功地影响他人，甚至是影响比他们更有权势的人呢？

第二，这些具备超强影响力的人们究竟掌握了怎样的影响力密码？

为此，我查阅大量资料，研究各种案例，经过多方寻找之后，我惊喜地发现在世界各地有一些人正在成功地发挥着影响力。他们有的影响了比自己更强势的人，有的则以一己之力影响了很多人，让我们先来认识一下他们：

案例 1：问题学生成功影响老师

问题学生往往是让老师非常头疼的一个群体，他们和老师的关系一般都不融洽，甚至有不少老师会嫌弃、放弃这些学生。但是，在美国加州，一位心理学家和一位做特殊教育的老师（以下简称特教老师）却帮助一群问题学生成功发挥了影响力，不仅改善了和老师们的关系，而且也让老师们心甘情愿在他们身上投入了更多精力和关注。

心理学家和特教老师从一群被认为“无可救药”的问题学生中挑选了 7 名 12~15 岁的学生，教他们与老师进行一对一互动时发挥影响力的方法，然后让他们分别去影响自己班上的一位老师。这些方法并不复杂，包括：对老师微笑，与老师进行目光交流，在自己的座位上保持笔直的坐姿等行为。学生们还练习了赞扬老师的语言，例如对老师说“您对学生们都很好，我喜欢在您的课堂里学习”。此外，他们也学会了通过语言来影响教师消极行为的方法，例如：老师不高兴时，这些学生会说“当您对我生气时，我确实很难好好学习”。经过训练，问题学生都掌握了这些技巧，并且开始利用这些技巧影响老师。

心理学家和特教老师还专门安排了一些学生作为观察者，请他们对问题学生和老师之间的接触次数进行记录。统计显示：在学生们运用所学技巧对老师发挥影响力之前的一周，平均每个学生与教师有 8 次积极接触和 18 次消极接触；而在学生们运用这些影响力技巧的 5 周之后，问题学生与老师的积极接触上升到了 32 次，消极接触为零。

显而易见，学生们运用技巧成功地影响了老师。

案例 2：中层经理成功影响高层领导

约翰·科特是哈佛商学院的终身教授，在其所著的全球畅销书《变革之心》中，他分享了一个中层经理成功影响高管的经典案例：乔恩·斯特格纳在一家美国的大型制造企业担任中层经理，负责采购工作。他发现公司在采购流程方面有很大问题，每家工厂都是自行采购，这种方式不仅效率低下而且无法有效控制成本，已经远远落后于统一采购的全球大趋势了。一开始，他和主管此事的高层领导沟通以期解决此事，但是领导认为没有必要对采购流程进行改革。他没有放弃，为了能够让公司高层真正意识到问题的严重性，他决定采取其他的方式。斯特格纳请一位实习生收集该公司各个工厂的手套，发现公司采购的手套多达 424 种，而且同一型号的手套在不同的工厂会通过不同的供应商采购，价格差别也很大。

斯特格纳把收集到的 424 双手套都做了标签，标明了工厂和价格，摆在总部一间会议室的桌子上。然后，他邀请公司高管来这里开会，当看到一桌子的手套时，高管惊呆了！直观的视觉刺激顿时让这位高管意识到了问题的严重性。很快，公司高层决定对采购流程进行调整，并把这些手套运到各个工厂展出，使更多的员工也感受到这种强烈的震撼。最终，整个公司全部参与到采购流程的优化中来。虽然身为一名中层经理，但是斯特格纳用这种巧妙的方式成功影响了公司的高层领导。

案例 3：一个外乡人成功影响一群本地人

杰里·斯特宁是国际慈善组织的一位工作人员，他需要执行一项看似不可能完成的任务：他要在 6 个月内改善越南某地区儿童营养不良的问题。当地的卫生条件极差，饮用水缺乏，食物不足，当地人也根本没有营养膳食的概念。而斯特宁本人也不会说越南语，在当地也不认识任何人，更没有什么政府资源。最终，他不仅以近乎零成本的方式解决了这个问题，而且是以一己之力成功影响了 200 多万越南人，改变了他们对儿童的喂养方式，改善了儿童营养不良的问题。让我们看看他是如何做到的：

第一步，研究标杆，找到方法。他拜访了很多当地村民，给当地的儿童测身高、量体重，把这些数据统计和整理出来，从中找到了一些家庭经济状况较差但孩子营养状况良好的家庭。他开始重点研究这些标杆，并且选定了其中一家做深入调查，这家人虽然一穷二白，但是孩子却长得很健康。经过一段时间的跟踪，他发现这家人喂养孩子的方式很有特点：

1）这家人对孩子采取少吃多餐的喂养方式，一天给孩子吃 4 顿饭，而其他家庭的孩子一天只吃 2 顿。因为小孩子的胃一下子消化不了那么多食物，少食多餐是一个提高他们营养吸收的好方法。

2）这家人积极喂养孩子，必要时亲自喂孩子吃饭，而其他家庭则是任由孩子自己决定吃多少。但是，因为大家都比较贫困，饭做得都没那么好吃，所以孩子通常吃得比较少。

3）这家人虽然穷，但是食物种类还比较丰富，营养比较均衡。父母经常去捉一些小鱼、小虾煮好放在米饭里，还加入一些当地随处可见的甘薯叶，这些东西恰巧给孩子补充了足够的蛋白质和维生素。但是其他家庭却觉得这些小鱼、小虾是下等食物，尤其是甘薯叶，当地人都不屑于吃，结果错失了给孩子补充营养的机会。

标杆家庭使用的这套儿童营养膳食方法让斯特宁兴奋不已：一方面食材都是就地取材，成本几乎为零，不会给村民增加经济负担；另一方面，可以把标杆家庭作为成功案例来吸引其他家庭的加入。

第二步，进行试点，做出成效。虽然找到了改善儿童营养不良问题的方法，但是他还得影响当地人接受并使用这种方法才行。一开始，他并没有直接召集村民，大张旗鼓地发布他的重大发现。因为，作为一个初来乍到的外国人，大家都对他不熟悉，有多少人会认同他的方法呢？因此，他采取了更巧妙的方法——举办免费的烹饪班。利用标杆家庭的成功案例，吸引到一些对这种儿童营养膳食方法跃跃欲试的家庭，他从中挑选了50户愿意配合的家庭，把他们分成5组，举办一期试点烹饪班。

作为试点烹饪班的小组成员，这些妈妈每天都会在固定的时间来临时厨房里集合，大家会带上小鱼、小虾和甘薯叶等要求的食材。妈妈们先用肥皂洗手，然后一起给孩子们做饭。这个试点烹饪班很快就有了成效，妈妈们通过交流和学习，做出了更可口更健康的饭菜，很快就看到孩子们的营养问题得到了改善。这种通过亲身体验并且立竿见影的方式大大提升了她们对这种膳食方式的认可程度。妈妈们体验到好处之后，自然而然就会把这种方法在村子里宣传，帮助斯特宁去影响更多的人。

第三步，以点带面，扩大影响。借助第一期试点烹饪班的良好效果以及 50 位妈妈的大力宣传，斯特宁的这套儿童膳食方法被越来越多的当地家庭接受，形成了良性循环。他在越南真的只用了 6 个月的时间就让当地 65% 的儿童的营养状况得到了改善，并且这种良好势头被持续保持。后来这种方法得到更为广泛的推广，影响了越南 265 个村庄，220 多万民众，成为教育村民大幅改善营养不良问题的典范。

在找到了很多成功影响他人的案例之后，我开始思考：**“这些具备超强影响力的人究竟掌握了怎样的影响力密码？”**为了找到答案，我进行了深入的研究，尤其对他们是在哪些情况下，采取了什么影响力方法，取得了怎样结果，哪些方法是具有推广价值的等关键方面进行了提炼和总结。最终，我找到了破解影响力的三个密码：

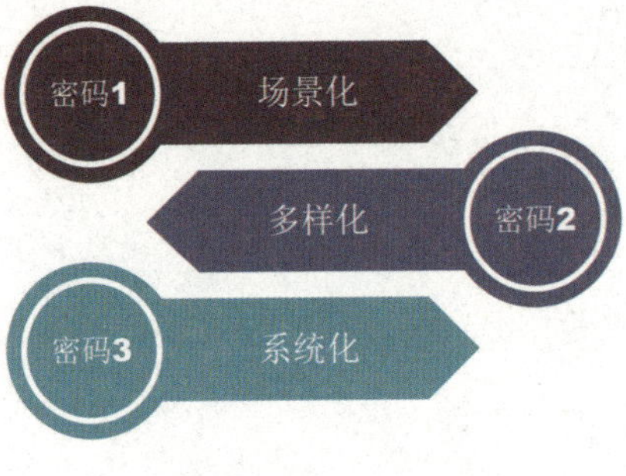

破解影响力的三个密码

密码 1：场景化

场景决定影响力方法，面对的场景不同，需要的影响力方法和思路也不同。根据需要影响人数的多少，可以把场景分为两大类：**“一对一”**和**“一对多”**。

一对一是指影响对象只有一个人，案例 1 和 2 都是属于这种场景。案例 1 中是某个学生需要在与某个老师一对一的互动中影响对方，案例 2 是一位中层经理需要影响一位高层领导接受自己的建议。一对一的场景只有一个影响对象，在发挥影响力时可以更加聚焦，更有针对性，影响对方的方法往往并不复杂，最常见的方法就是通过我们自身的语言和行为来影响对方。

一对多是指影响对象至少是几个人，甚至是很多人，案例 3 就属于这种场景。因为每个影响对象的特点不尽相同，我们面临的情况就更为复杂，光靠自己去影响这么多人效果甚微，所以想办法**利用影响对象之间的相互影响**才能达到想要的效果。

总之，在影响他人之前，我们需要先搞清楚面对的场景是哪一种，然后再看用什么样的影响力方法。

密码 2：多样化

我们需要准备各种各样的影响力工具，组成自己的影响力工具箱，根据面临的场景不同而灵活使用。面对简单的场景，单一影响力工具就能搞定。面对复杂场景，就要组合使用多种影响力工具。因此，对于影响力的研究更像一个交叉学科，很多学科的理论方法都可以成为我们的影响力工具，比如：心理学、脑科学、游戏理论，甚至环境设计。

心理学在影响力领域发挥着重要作用，很多影响力技巧都是基于心理学的。利用这些心理学规律可以巧妙地影响他人，同时也能规避被别人操控的陷阱。让我们来看三个常用于影响力领域的心理学规律：

1）沉没成本偏见：沉没成本是指如果我们放弃了正在做的事情，就会让前期付出的精力、时间和金钱等都损失掉，这部分损失被称为沉没成本。心理学家发现：相对于收益，大多数人更厌恶损失。

我在参与某公司的一个咨询项目时，遇到过一位成功运用了“沉没成本偏见”的管理者，他要带领自己的团队完成一个非常重要而又艰巨的项目。这位管理者是个有心人，在推进项目的过程中，他对团队点点滴滴的努力都做了比较详细的记录，拍了很多团队努力工作的照片和视频。有一次，项目遇上了一个大难题，整个团队士气低落，甚至很多人有了放弃的想法。这位管理者就召集团队开会，把过去拍的照片和视频展示给大家看，让团队成员们看到自己曾经为项目付出了多么巨大的努力，还和大家一起分析了放弃的后果：不但会失去项目成功带来的收益，而且还会把前期的巨大投入都赔进去。这种方式对大家产生了很大的触动，每个人都觉得不应该轻言放弃，团队很快就达成了继续向前努力的共识，最终出色地完成了该项目。

2）锚定效应：人们在对某人某事做出判断时，易受第一印象或最先接收到的信息的支配，就像沉入海底的锚一样，把人们对这些人和事的判断标准固定下来。锚定效应也是一种心理偏见，而且很不容易被察觉，所以在谈判或销售中经常被使用。

以买二手房为例：很多房产中介在带买家去看二手房的时候，去看的第一套房子一般都是标价不低，但品质比较差的房子，这样就利用锚定效应悄悄在买家心里先标定了一个较高的价格标准。然后，第二套、第三套房子是相对于第一套房子有反差的好房子，而且更大的好消息是价格都比第一套房子稍微低一点儿（但实际上，其价格较市场价格并不低）。这时，买家可能会觉得后面看到的房子还不错，可以纳入考虑范围，但其实买家已经不知不觉被中介的小伎俩所影响，掉进了锚定效应带来的价格陷阱。

3）从众心理：个人往往会受到群体决策的影响而遵从群体的决定。

所罗门·安施是美国知名的社会心理学家，他曾经做过一个轰动心理学界的从众实验：他召集了一群大学生来参加一个视觉判断实验。在实验中，他们每人都将看到 2 张卡片，其中一张卡片上有 1 条标准线段而另一张上则有 3 条线段（见下页）。参加实验的大学生们需要判断 3 条线段中的哪一条线与标准线段长度相同。这 3 条线段在长度上的差异非常明显，每个人都能轻而易举地给出正确答案。但是，参加实验的所有学生中除了一个真正被测试的，其他人都是心理学家事先安排的“自己人”。心理学家会让“自己人”先回答，让被测试的大学生最后回答。在实验中，“自己人”都会一致地选择 3 号线段，但是很明显答案应该是 2 号线段。

虽然正确答案显而易见，但是经过多次实验，仍然有三分之一的被测试大学生居然顺从了其他人的选择，给出了同样错误的答案！安施的实验非常清晰地表明：即使面对一个清晰而客观的标准，人们仍然有可能受到群体压力的影响，而从众做出错误的选择。可见，群体对个体的影响有多大。

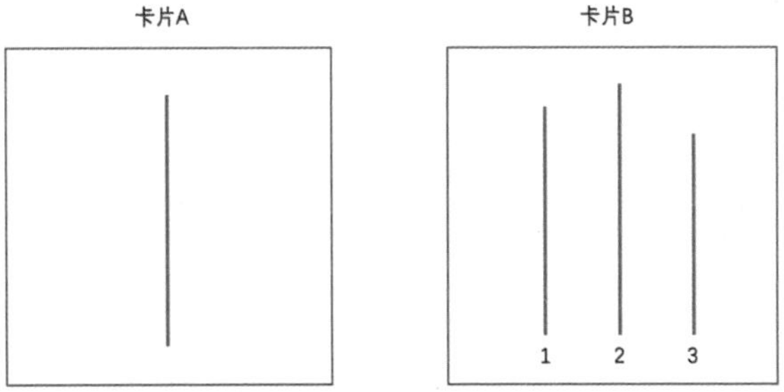

安施的实验任务

脑科学：1994 年，在意大利的帕尔马，脑神经科学家贾科莫 · 里佐拉蒂正在对猴脑进行研究。他主要的研究方法是通过脑部监测仪器观察猴子在进行不同活动时，猴脑的活跃区域有何变化，比如：猴子抓耳挠腮时，哪些脑部区域活跃；猴子吃东西时，哪些脑部区域活跃。在实验过程中，里佐拉蒂无意间吃了点儿东西，这个举动被猴子看见了，结果他发现猴子脑部的一个区域也出现了活跃的迹象，而且这个活跃区域正好是猴子自己吃东西时的脑部活跃区域，但此时猴子并没有吃东西。里佐拉蒂非常吃惊，以为这是一种巧合。为了验证自己的发现，他赶紧在猴子面前又吃了几口，发现仪器上猴子自己吃东西时活跃的区域每次都变得很活跃。尽管猴子完全不动，但是很明显，它的脑子里正在想象和里佐拉蒂一样吃着东西——猴子在大脑里映射着他的行为。帮助猴子在脑中产生这种映射效果的神经元后来被称为“镜像神经元”，而且人脑中也有。

我在《积极达成：处理好情绪，再处理问题》一书中，重点介绍过镜像神经元。它最大的作用在于让我们能够理解他人的行为、意图或情感：

1）迅速理解他人意图：人们之所以能够理解那些自己无法做到的行为，比如毫无障碍地观看体育竞赛、极限运动，或者电影中的3D特效，是因为大脑能够把这些行为投射在镜像神经元上，镜像神经元收到信号后会被激活，从而帮助我们理解别人的行为。

2）体验别人的情感：当我们看到别人的表情或者经历过的情感状态，镜像神经元就会激活，让我们体验到别人的感受，走进别人的情感世界。在通过镜像神经元理解别人感情的过程中，观察者直接体验了这种感受，因为镜像机制使观察者产生了同样的情绪状态。当人经历过某种情绪，再看到别人也表现出这种情绪时，他们大脑中的镜像神经元都会活跃起来。换句话说，观察者与被观察者经历了同样的神经生理反应，从而启动了一种直接的体验式的理解方式。

让我们来做一个小实验：先放松，然后请聚精会神地盯着下面这张打哈欠的图，看30秒，我保证你也会被影响，开始打哈欠。

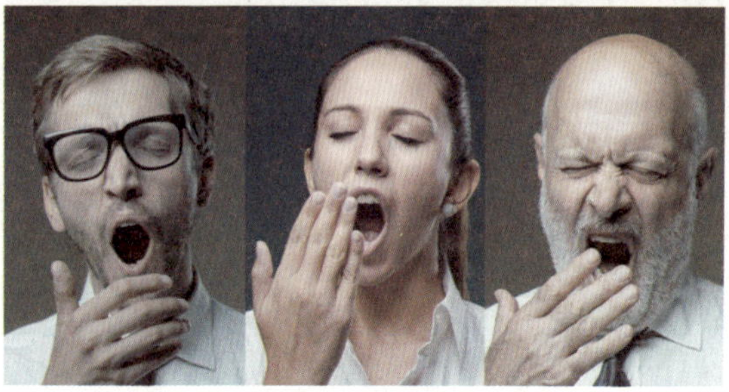

人们打哈欠的图集

正是因为镜像神经元具有这些特点，我们也就更容易去影响他人。

游戏理论：很多人可能会觉得打游戏是不务正业。但是巧妙地运用游戏可以给人们带来积极的影响。简·麦戈尼格尔是一位世界知名的游戏设计师，她发现游戏可以对儿童产生积极影响，甚至能够帮助患有癌症的儿童积极参与治疗。她在《游戏改变人生》一书中，提到过一个案例：很多患有白血病等癌症的儿童需要坚持服药2~3年，但是这些药物往往都有恶心、疲劳等副作用，很多孩子连一次药都不愿意服，就更别提坚持这么长时间了，但是如果不能坚持服药，就会让治疗效果大打折扣，甚至病情复发。

为此，美国一家名为“希望实验室”的非营利机构专门为这类患儿开发了一款游戏。在这款游戏里，孩子们可以操控一个超级机器人英雄，在人体内部飞行，攻击癌细胞，使用的武器则是化疗的轰炸和抗生素的手榴弹。实验结果显示，在3个月的时间里，玩了该游戏的患儿体内的抗癌药剂量提高了41%。在游戏情节的鼓励下，能够坚持服药的患儿明显更好地跟上了治疗进程。这些孩子在玩游戏时，遇到的关卡会越来越困难，越来越复杂，但是他们会动脑筋想办法，通过一次次的尝试，不断提升技能，改善策略，最终杀死所有的癌细胞，这种方式巧妙地强化了孩子们战胜病魔的勇气。

环境设计：环境因素是非常容易被忽略的影响力因素。影响力高手往往会通过改变环境在无形中对人们产生巨大的影响。成立于1802年的杜邦公司是一家超过200年历史的世界500强企业，我有幸为杜邦提供过3年的培训服务。以火药制造起家的杜邦把“安全”作为公司文化中的核心理念，杜邦对于安全的强调不是只喊喊口号，他们是真正在时时刻刻影响员工按照安全守则去做事情。为了实现这一点，杜邦巧妙地运用了环境设计方面的很多方法。我那时常去杜邦在上海张江园区的办公室给他们做培训，一走进办公楼就能感受到杜邦利用环境设计来影响员工的巧妙之处：

1）巧用空间环境，降低安全风险。杜邦在靠近电梯按钮的地方，放好免冲洗手液，方便大家按电梯之前对手部进行消毒，大大降低了员工们交叉感染的概率。这种做法在新冠疫情期间也许很常见，但对于杜邦来说却是常态，已经执行了几十年。

2）巧用醒目提示，强化安全意识。在办公环境中，杜邦如果发现了可能存在安全风险的地方，就会在这些地方设置醒目的提示来提醒员工注意安全，比如在你要推门进洗手间时，门上用非常醒目的黄色中英文提醒大家“请勿急推，以防撞到他人”。你在洗手间里洗手的时候，水池前镜子上的标语都不忘提醒你“要对自己的安全负责，承诺实现零安全事故”。

总之，一进入杜邦的办公区，就会被各种醒目的提示影响，提醒人们要注意安全。

密码 3：系统化

系统化是指针对不同场景，我们需要用系统化的思路把多种影响力工具有机地整合起来使用，告诉大家先用什么工具，再用什么工具，就像做饭一样：

首先，要明确做饭的场景。今天是家庭聚餐还是和女朋友的浪漫晚餐，或是和朋友们的小酌谈心。不同的场景，我们要做的饭也不一样。

其次，根据不同场景，准备不同的食材和调料。如果是家庭聚餐，我们就要把鸡鸭鱼肉等食材都准备好，如果是和女朋友的浪漫晚餐，最好准备牛排、红酒等食材，再通过烛光和音乐营造浪漫氛围。

最后，面对各种食材和调料，到底该怎么做这顿饭呢？这个时候，最需要的就是一个菜谱。菜谱很系统地把这些食材和调料按照合理的顺序和方式结合起来，告诉我们每一步该放什么食材和调料，帮助我们做出一顿不错的饭菜。

在发挥影响力方面，也需要一套“影响力”菜谱来告诉我们：在应对不同场景时，应该怎样把各种影响力工具巧妙地按照一定顺序结合起来，先用哪些工具，再用哪些工具，才能达到最好的效果。为了帮助大家更加清晰地理解，我们把以上的思路总结成三个步骤：

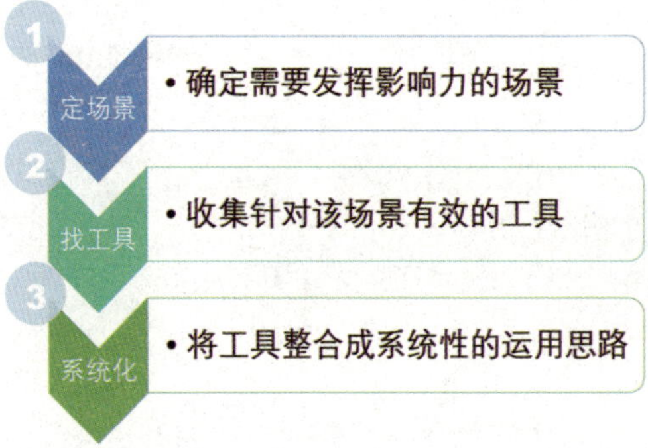

系统化的三个步骤

第一步，定场景，确定需要发挥影响力的场景。前面我们把场景主要分为两种：“一对一”和“一对多”。本书主要面向广大职场人，所以进一步聚焦于工作中的这两种场景：

1）一对一沟通协作场景，这是一个非常高频的需要发挥影响力的场景，因为在工作中你经常需要与同事一对一沟通来影响对方更好地协作。

2）一对多跨部门协作场景，随着工作经验的增加，你在影响力方面会面临更大的挑战。公司会委以重任让你负责推动一些对公司非常重要的跨部门协作任务，如：推动各部门执行新的财务政策，推动大家进行业务转型等。在这些场景中，你将面临更大的影响力挑战，光靠一个一个面对面沟通效率太低，你需要掌握更为强大的影响力工具，才能应对挑战，完成工作。如果你能完成好这样跨部门协作任务，不仅会给公司带来更大的价值，而且也能为自己下一步在公司的发展创造更大的上升空间。

第二步，找工具，是指找出能够在这些场景中帮助你高效发挥影响力的工具。针对“一对一沟通协作场景”，我们找到心理学、脑科学和情绪管理等方面的工具帮助你增强影响力；针对“一对多跨部门协作场景”，我们找到社会心理学、环境设计和人类学等方面的工具帮助你提升影响力。

第三步，系统化，是指按照一定的思路把这些工具系统化整合成一套有效的运用思路。针对“一对一沟通协作场景”和“一对多跨部门协作场景”，我们都进行了多年的研究，形成了整合各种工具的系统化思路和步骤。很多世界500强企业多次采购我们的影响力培训课程以及咨询服务，并且收到了良好的反馈。本书后面的章节将重点介绍针对“一对一沟通协作场景”和“一对多跨部门协作场景”的影响力系统化思路和步骤。

(CODE OF INFLUENCE

影 响 力 密 码)

PART TWO

第二部分

一对一协作场景：沟通型影响力

CHAPTER ONE

第一章

沟通型影响力：掌握轻松说服对方的四个步骤

当需要通过沟通与同事协作完成某些工作时，你通过一对一沟通影响对方达成协作并推动工作进展的能力，称为“沟通型影响力”。

知识卡片

沟通失败需要反思的四大原因

1. 平时忽略了和对方建立良好的关系
2. 沟通之前没有进行充分的准备
3. 沟通过程中，用了错误的方法
4. 沟通之后，没有跟进和形成闭环

沟通型影响力模型

在工作中，你有没有遇到过这样的情况：

——作为销售，你最近计划举办一次重要的市场活动。按照公司的流程，销售部门的市场活动申请需要得到市场部门的审批才能举办，但市场部门的同事认为你的活动方案无法达到公司对市场活动的基本要求，尽管你一再强调这次市场活动多么重要，沟通仍然陷入了僵局，你心急如焚却无计可施。

——你在某软件公司的售后部门工作，最近客户在使用软件时发现了一个问题，需要请研发部门尽快帮忙修复。你跟研发部门的同事沟通，得到的回复是：研发部门人手有限，现在已经有很多更重要的研发需求更加紧急且重要，你的需求只能往后排。虽然客户催得很急，但是你这次和研发同事的沟通显然没有达到预期效果。

——你要完成一份报告，报告里需要的关键数据是由另一个部门的同事负责，你和对方沟通希望对方帮忙提供相关数据。但是对方告诉你，这些数据需要进行大量的统计和计算，最近他正在给公司高层写报告，实在没时间。对方说得也有理有据，你也不知道该怎么才能说服他。眼看着报告提交时间一天天临近，你的工作却毫无进展。

你需要通过沟通与同事协作完成某些工作时，就会遇到类似上述的场景。在这种场景中，通过一对一沟通影响对方达成协作并推动工作进展的能力，称为**“沟通型影响力”**。

在本书中，我们把这种场景作为重点进行研究，因为：

第一，这是职场人经常遇到的需要发挥影响力的高频场景。

“在工作中，我们每天会花多少时间在沟通上？”针对这个问题，两位美国学者克莱默和斯妮德尔通过观察和调查问卷等形式研究了各种岗位（包括专业技术类岗位和行政类岗位等）花在沟通上的时间，他们发现：人们每天花在沟通上的时间要占50%~80%。麦肯锡全球研究所[1]和IDC[2]针对管理者做了相关研究，发现管理者在日常工作中花在沟通上的时间占了大约80%！这绝对是一个高频场景。

第二，如果在沟通中我们无法发挥影响力，将会给自身和组织带来负面影响。

就像本章开篇提到的几个案例一样，由于没有抓住有限的沟通机会成功影响对方，导致你期望的工作结果迟迟无法达成。虽然这只是一次没有达到效果的沟通，但是影响的范围却不只是我们自己，整个公司的运转是一个整体，大家的工作往往是环环相扣的，这个环节被拖延，自然就影响了后面环节的工作效率。因此，整个组织的效率都被大大降低了。以400家员工规模在10万人以上的大型企业为对象，大卫·格罗斯曼进行了相关研究之后，得到了以下数据：员工间的沟通不畅，每年给每家企业带来的损失达6240万美元！[3]对于一个100人规模的企业，由于沟通不畅每年带来的损失约为53万美元。[4]

第三，不良的沟通效果不但会影响双方的关系，还会影响双方未来的

1 McKinsey Global Institute。

2 International Data Corporation。

3 数据来源：David Grossman，“The Cost of Poor Communications，”The Holmes Report,，July 17，2011。

4 数据来源：Training Magazine 2014 Industry Report。

协作。

在沟通过程中，如果对方不配合，我们很有可能会在工作期限逼近的压力下着急生气，甚至和对方恶语相向，这不仅破坏了双方的关系，势必还会影响你们未来更多的协作，以此往复形成恶性循环。

“一对一沟通协作场景”是如此重要，但其实大多数人对处理好这类场景都有些力不从心。2014 年，哈佛大学职业指导办公室的一组调查数据显示：在 500 名被辞退的员工中，因沟通不良无法影响他人而导致工作不达标的员工占到了 82%。为什么人们处理不好这种场景？很多人会把原因归结为对方：自私，没有大局观，只考虑自己的一亩三分地，根本就没有从公司利益的角度来考虑问题……

把原因都归结于对方显然有些片面，这在心理学上称为“基本归因错误”。

美国加州大学洛杉矶分校的哈罗德·凯利等心理学家对“基本归因错误”进行了系统性的研究：人们其实并不善于正确地分析原因，他们总是快速做出错误的结论。大多数时候，人们习惯从**动机**和**个性**这两个角度来看待和评论他人，而不是从更全面的角度来考虑。面对一对一沟通协作场景中的种种不配合，人们往往会认为是对方故意刁难（动机），或是他们都是比较自私的人（个性）。这种“基本归因错误”太普遍了，甚至可以说，几乎人人都会犯这样的错误。

《孟子》中有一句话：“行有不得，反求诸已。”意思是：事情没做成，遇到了挫折和困难，我们应该反思自我，从自己身上找原因。对方不配合你，真的是因为对方个性自私或者故意刁难吗？如果我们这么想，很可能忽略了硬币的另一面：是不是我们自己哪里没有做好，导致对方不愿意配合？在研究了很多不成功的沟通之后，我们从中总结出了值得每个人反思的四个重要原因：

原因 1：平时忽略了和对方建立良好的关系。“平时不烧香，临时抱佛脚”正好可以形容这种情况。中国是个讲关系的国家，美国人还专门发明了“Guanxi”这个词来强调关系在中国的重要性，甚至有很多人说“关系就是生产力”。当然这里所指的关系，是指人与人之间积极良性的人际关系。我们有很多时间和机会能够和同事们建立不错的人际关系，只要平时多打招呼、多帮助同事。如果缺少了日常的积极互动，在对方看来，拒绝你和拒绝一个陌生人没有任何区别，不配合你也合情合理。或是事到临头时你才想起来增加互动，这种应急的方式也会显得突兀且功利性强，给对方非常不好的感觉。

原因 2：沟通之前没有进行充分的准备。尤其是以下两个方面的准备：

1）没有把请对方协作的原因和理由准备充分。从对方的角度来看，很可能每天都会遇到不少同事找他帮忙的情况，在自己时间和精力都有限的情况下，只能做减法，从中拒绝掉一部分同事的请求。很大程度上，对方会根据你提供给他的理由来做优先级的判断。如果我们没有事先把请对方帮忙的原因和理由准备充分，很有可能就成了被对方拒绝的对象。

2）没有想清楚希望对方具体配合的事情是什么。大家可能会觉得，在请对方协作之前，自己肯定会把具体让对方做什么事情想清楚的，这可是最基本的操作。我想告诉你的是，问题没有这么简单，你需要在沟通前再深入想一个问题：**如果对方没有办法帮我做到全部，那么哪些方面可以**

放弃，哪些方面是必须请对方协助做到的。如果你已经事先想清楚了可以放弃哪些，给对方减轻一些负担，对方才更愿意接受，也更容易协助你。

原因 3：沟通过程中，用了错误的方法。尤其是以下两种常见的错误值得重视：

1）开启对话时，没有营造好安全的沟通氛围。很多时候，我们会认为和对方谈的是工作上的事情，容易秉持缺乏温情的沟通态度，陷入公事公办的思维模式，没有用心营造出良好的沟通氛围。对方也很容易和你一样“公事公办”，摆出一些困难应对你的要求，这样就让沟通陷入了僵局。

2）影响方式太单一，常常用上司来强压对方。在沟通过程中，对方很可能会提出各种无法协助的原因，我们应对此情况最常见的方法就是利用上司来强压对方，但这种方式往往达不到我们希望的效果，甚至还会适得其反。一方面任何人都不希望被对方以势压人而屈服，这样做只会进一步破坏你们双方的关系，为未来的协作留下隐患；另一方面，对方也可能会说更高层的上司正在让他做更重要的事情，“以其人之道还治其人之身”。遇到这种反驳，你是否会哑口无言？所以，记住：不要用上司来强压对方。

原因 4：沟通之后，没有进行跟进和形成闭环。通过沟通，成功发挥了影响力让对方答应协作相关事项之后，注意不要犯以下两个错误：

1）没有及时跟进：很多人会觉得对方既已承诺，总去询问进度会显得非常不信任对方。其实“跟进”不是简单意义上的“过问”，而是关心和了解对方在协作过程中是否遇到问题，看看有哪些方面可以提供帮助，及时跟进并处理障碍才能让事情得到实质上的推进。

2）没有形成工作闭环：工作完成后，要及时给对方反馈，让他们了解事情的进展和结果。否则对方可能会觉得自己付出了时间和精力，工作成果却没有得到应有的尊重。未来我们若再去寻求协作，对方的配合度会大大降低。

针对以上四个原因，如果我们能予以警惕，就会大大提升沟通协作的成功率。让我们来看一个案例：

成为讲师之前，我曾在一家网络安全公司担任北方区域的销售总监，负责管理北方各省的销售负责人（我们称为销售经理）。我们主要面向企业销售网络安全硬件设备，提高其网络安全防护水平。

想做好销售经理这个职位其实很不容易。对外，要激励销售们签下更多客户，完成公司下达的业绩目标；对内，要协调各部门的资源。比如：要去市场部门争取支持，帮助其办好市场活动；要和研发部门沟通，让其投入人力为重要客户开发特定功能；要和生产供应链沟通，给客户如期供货。在销售经理的工作中需要发挥沟通型影响力的场景非常多，如果遇到实在解决不了的困难，他们就会来找我帮忙协调。因此，除了帮助大家协调具体的事情之外，我也会把从工作实践中总结出来的沟通型影响力方法分享给销售经理。

罗昊（化名）就是用得非常好的一位销售经理，其他销售经理认为非常难搞定的事情，他也总能解决。通过他处理过的一件事情，我们来体会一下发挥沟通型影响力的正确方法。

罗昊负责北方某省，平时办公并不在北京总部。但是销售经理需要协调的市场、研发和生产等部门都是在北京总部办公的。很多新加入公司的销售经理一开始和相关部门的同事并不熟悉，沟通起来也很费劲儿。所以，我们每个月底都会把各省的销售经理召集回北京总部参加月度销售会议。一方面及时了解和推进各省销售团队的销售业绩，另一方面借着开会的机会，也可以邀请各个部门的负责人和销售经理们一起聚餐，给大家创造相互熟悉的机会。我发现其他销售经理在我们举办过一次部门大聚餐之后，就很少再找各部门的负责人单独沟通和建立私人关系了，但是罗昊不太一样，他每次回来总是要找几个相关部门的同事以及其他区域的销售经理中午一起吃个工作餐聊聊，他和大家建立了不错的私人关系。

有一年正值销售旺季，罗昊的团队签下了一个订单，某客户定购 10 台 M 系列的网络安全设备，M 系列属于公司比较边缘的产品线，备货一直很有限，再加上销售旺季的来临，导致库存告急。他跟我说了这个情况，我问他是否需要我帮助他协调，他说自己和公司负责供货的同事还比较熟，自己可以先试试，如果实在解决不了，再请我出面，让我心里有个准备。

第二天，他告诉我供货问题解决了。让我们一起来看看，他是怎么解决的：

他跟采购这 10 台 M 系列产品的客户详细沟通了两件事：一是这个项目对于客户的重要意义是什么；二是如果实在没有办法全部供货，客户是否可以接受部分供货，具体台数是多少。在和客户沟通完后，他发现这个项目虽然对客户很重要，但是对公司来说却无足轻重。一方面客户并不知名，另一方面采购的不是核心产品，况且订单金额也不大。从这两个方面来看，管供货的同事肯定会觉得这个项目并不重要。

想让大家重视，就不能停留于订单表面，而是要深入挖掘订单背后蕴含的价值。该客户之所以会买 M 系列产品，是因为其特别适合他们上马的一个新业务（这个新业务发展很快，在该行业也符合未来的趋势），而且M产品只是第一步，罗昊团队是以M产品切入该客户，未来会把公司的更多核心产品也推荐给客户，组成针对客户新业务的网络安全整体解决方案，并且该客户会成为其成功案例，这对该行业的其他客户开展这种新业务有示范作用，一旦这种新业务模式在行业中开始普及，他们的网络安全整体解决方案也会有更大的市场空间。

此外，客户负责人刚刚履新，迫切希望通过这个项目来体现自己在公司的价值。如果我们不能如期供货，会对他产生很大影响，甚至导致项目流产，这样就给了我们的竞争对手可乘之机，将对我们未来的市场拓展非常不利。

虽然在和负责供货的同事沟通时，他说了这个项目背后的意义和价值，但是负责供货的同事告诉他：现在库存的M系列设备只剩9台，而且还都被另外一个先下订单的华南区大客户预定了。罗昊告诉供货的同事：他也知道大家都有难处，所以他并不需要10台M系列设备一次性交付，先交付3~4台就行，一个月之内再交付剩下的，请供货的同事帮忙和华南区销售沟通一下。

因为罗昊平时利用回总部的机会，跟供货部门的同事一直保持着很好的互动，大家也对他的为人处事比较认可，有了罗昊的背书，供货部门的同事对他所描述的项目意义和前景也更加确信，因此十分积极地去帮他协调。一开始华南区销售同事还表示非常为难，但是听说对方是罗昊时，因为平时来总部开会后也常常一起聚餐，就很痛快地答应去和客户协调，最后经过协调，罗昊拿到了3台设备。未来一个月公司加快生产实现了全部供货，由此，供货的问题就圆满解决了。

过了两天，我收到罗昊抄送我的两封邮件：一封他发给了供货同事的主管领导，感谢供货的同事帮忙协调，不但保住了一个区域市场的重要项目，而且保住了一个新业务网络安全解决方案的成功案例，为后面更好拓展市场做出了很大的贡献；另一封他发给了华南区销售负责人，感谢帮忙协助货源的华南区销售同事有大局观，而且把这项新业务的网络安全解决方案以及在华南区可能的业务机会等做了介绍，还表示以后有任何相关的需要，自己愿意提供力所能及的帮助。这两封感谢邮件，让整件事情画上了圆满的句号。

回顾整件事情，我们来分析一下：罗昊是如何发挥沟通型影响力来解决问题的？

第一，平时积累。罗昊是一个平时非常注意积累良性人际关系的销售经理，利用每个月回北京开会的机会，和大家建立了良好的私人关系。这种平时积累的重要性，可以用“情感账户理论”来解释，情感账户是在人际关系方面的一种比喻。美国知名的管理学大师史蒂芬·柯维在全球畅销书《高效能人士的七个习惯》一书中指出：“你必须把每一次人际交往，都看成是在他人情感账户内存款的一个机会。”我们和同事之间都存在一个情感账户，平时维护双方的关系，一起吃饭、聊天以及主动帮对方忙，就是在往你们之间的情感账户中存款。只有平时注意往情感账户里多存款，当你需要别人帮忙时，你才有款可取。

第二，充分准备。在和负责供货的同事沟通之前，罗昊自己先做了充分的准备工作：一方面他不但充分地了解此次项目对客户的意义，而且深入挖掘了该项目背后对公司的重要价值，这样可以帮助他在进行跨部门沟通时，提升对方的重视程度和优先级；另一方面，他也想了一些解决供货问题的办法，比如第一次供货只需要3~4台，这样既降低了对方帮他的难度，同时也大大提升了解决问题的成功率。

第三，沟通影响。得益于平时的积累和事先充分的准备，沟通时的影响力就会大大提高。在沟通中，罗昊先是用这个项目的意义来影响负责供货的同事，提升其帮助自己的意愿；然后用减少供货数量的方式，降低供货同事帮助自己的难度；最后通过平时的良好关系，去影响供货同事和华南区销售同事帮助自己解决问题。在整件事情的沟通过程中，他运用了至少三种方式来影响同事。（对于罗昊是如何跟负责供货的同事沟通的，我们会在“沟通影响：灵活多样的沟通方法”这一章详细讲解双方的对话细节和罗昊所运用的方法。）

第四，事后巩固。很多时候，我们往往会觉得协作完成了，问题就结束了，其实这时才是强化你和同事关系的好时机。罗昊的两封感谢邮件是非常巧妙的方法：一方面，感谢邮件让帮助他的同事知道他是一个知恩图报，而且非常用心的人；另一方面，让同事的领导知道了同事的工作成绩，帮助同事打下了更好的职业发展基础。同事们这次帮他其实是罗昊从双方的情感账户里取了款，而这封感谢邮件则很及时地往情感账户中又存入了一笔不小的款。

罗昊运用的方法，就是沟通型影响力的核心模型（见图1–1），总结为以下的四个步骤：

图 1-1：沟通型影响力模型

第一步，平时积累，让你的影响力在无形中不断扩大：利用平时的机会积累三大影响力资源（人际资源、能力资源和好感资源），让自己的影响力在无形中不断扩大。在人际资源方面，我们会重点讲解应该和哪四类关键人建立人际关系；在能力资源方面，讲解如何通过三种方法快速提升专业能力，从而更好地用专业能力影响对方；在好感资源方面，讲解如何用三种高效而且巧妙的方式让那些和你不熟的人对你产生好感。

第二步，事前准备，让你还未沟通，已胜券在握：如何从四大维度来挖掘和准备充分的理由来影响对方接受；如何通过三大类方案灵活解决对方实际的协作难处，从而找到让双方都满意的协作方案；等等。

第三步，沟通影响，让你一锤定音，达成协作：在与对方沟通过程中，肯定会遇到各种阻力，但是通过运用灵活多样的影响力方法，你可以一锤定音，达成想要的结果。比如：如何从三大方面入手让对方更愿意帮助你，如果他有实际难处你该从哪两个方面入手来解决等。

第四步，事后巩固，让这次的成功带来未来的成功：通过哪两种方式可以让对方在未来更愿意帮助你，通过哪两种方法来让更多人对你产生好感等。

掌握了这个模型，你就能提升沟通型影响力，解决沟通协作中的难题。在后面的章节，我们将重点讲解这四个步骤中的详细方法和工具。

CHAPTER TWO

第二章

平时积累：三大影响力资源

利用平时的机会积累三大影响力资源（人际资源、能力资源和好感资源），让自己的影响力在无形中不断扩大。

知识卡片

“

人际资源：建立人际网络

✓ 链接数量、链接质量、传播效率、结构洞

能力资源：强化专业能力

第一，二八法则，加速能力

第二，借力技术，放大能力

第三，坚持不懈，精进能力

好感资源：打造个人品牌

第一，做出成果

第二，主动分享

第三，学会微笑

”

西蒙·兰卡斯特是英国顶尖的沟通与演讲方面的专家，他曾经为英国首相托尼·布莱尔的内阁工作，负责策划和撰写布莱尔的各种重要演讲稿。兰卡斯特撰写演讲稿的思路独特，着重研究能够对观众的大脑产生更大影响的演讲方式。他研究过 2012 年伦敦奥运会开幕式上时任伦敦市长的鲍里斯·约翰逊（现为英国首相）的演讲，发现鲍里斯的演讲可以成功刺激英国观众大脑中至少两种化学物质的分泌，而这两种化学物质能够使观众的情绪高涨：

血清素，这种物质能提高人的自尊，让人产生自信、强大和有力的感觉，知名的抗抑郁药百忧解就是利用它来提升抑郁症患者的治疗效果。演讲中鲍里斯通过极力赞扬优秀的英国运动员，歌颂英国是伟大的国家，刺激观众大脑中血清素的分泌。

催产素，这是爱的兴奋剂，让人感到温暖和安全。我们和他人有亲密感时，催产素就自然释放。在演讲中，鲍里斯不断地用“我们，大不列颠”“老朋友”和“奥林匹克迷”把英国听众和他紧紧地联系起来，增加他们之间的亲密感，刺激观众大脑中催产素的分泌。

兰卡斯特的研究角度给了我很大的启发：**在与他人进行一对一沟通时，发挥影响力的过程其实就是影响对方大脑的过程。**在准备发挥影响力之前，我们有必要了解大脑的特性。

大脑主要由四个脑区组成：脑干区、感性区、理性区和社交区。

脑干区：这是大脑最原始的部分，位于大脑最下端，包围在脊髓顶端。脑干区负责呼吸和人体其他器官的新陈代谢等生命基本功能，同时负责对肢体发号施令，控制着我们的动作。脑干区没有思考或学习的功能，旨在维持身体的正常运转，并确保做出有利于我们生存的反应。

感性区：感性区又叫情绪脑。随着物种的进化，哺乳动物出现之后，新的神经元皮层形成了。这些新的神经元皮层包围着脑干区，看起来就像是被人咬了一口的面包圈，脑干区正好安放在中空的底部。这部分大脑环绕并包裹着脑干区，因此又被称为“边缘系统”，“边缘”一词来源拉丁语“limbus”，意为“衣领”。这一新的脑神经区域为大脑的指令系统添加了情绪功能。我们渴望或愤怒时，坠入爱河或因恐惧而退缩时，正是受到了感性区的控制。感性区对我们情绪的调节主要通过在大脑中释放影响情绪的化学物质来实现，比如：催产素可以产生爱和亲密感，血清素可以产生自豪、尊敬和自信感，皮质醇可以产生压力、恐惧和震惊感，多巴胺可以产生开心和快乐。

理性区：理性区又叫逻辑脑。随着尼安德特人和智人等早期人类的出现，这些人种的大脑进一步进化，在原先的基础上又长出了新的大脑皮层。尤其是智人，他们的新皮层不但比其他人种的大，而且包含更高级的综合理解和推理的神经中枢。正是依靠这些神经中枢，智人击败了其他人种，最终进化为现代人类。理性区赋予现代人类更加高级的思考功能，能够解决更加复杂的问题，传统的脑科学研究基本就停留在理性区这个阶段了。

社交区：社交区又叫社交脑。最近几年，随着脑神经科学不断发展，美国社会认知神经科学领域的权威学者马修·利伯曼发现了社交区。社交区是负责思考如何与他人互动的脑区，主要位于大脑的内侧，而传统脑科学中的理性区则位于大脑的外侧。社交区主要有三大功能：与他人产生连接、心智解读以及与他人或组织进行协调。与他人产生连接的能力在婴儿期（0~1 岁）就开始发展形成，出于生存的本能，婴儿迫切需要与父母（尤其是母亲）建立连接，才能体会到安全感，而且这种连接的能力也会促使父母竭尽所能来保护和抚养自己；在蹒跚学步期（2~4 岁），心智解读能力会得到很大的发展，小孩子们开始能看懂父母的“脸色”，这样他们才能在怀着好奇心探索周围世界的同时，通过解读父母的反应来学习哪些环境或行为是安全的，哪些是危险的；在青春期（11 岁以上），与组织和他人的协调能力得到充分发展，青少年们会非常关注自己如何与更大的社会群体和组织进行协调。

脑干区主要负责维护身体的新陈代谢，因此在与他人沟通时，我们主要需要影响对方大脑中的感性区、理性区和社交区。如果能在平时就针对大脑的这三个区域积累对应的影响力资源，当需要与他人进行沟通时，我们就可以调动这些资源来影响对方的三大脑区，从而提升影响对方的成功率。

对应三大脑区，我们平时需要积累的影响力资源也分为三类：**人际资源、能力资源和好感资源。**人际资源是指建立人际网络，与对方建立社交关系，对应影响对方大脑中的社交区；能力资源是指强化专业能力，凭借出色的专业能力，我们可以逻辑严密、条理清晰地与对方沟通，对应影响对方大脑中的理性区；好感资源是指打造个人品牌，让对方对我们有好感，这样在沟通中对方会以更积极的情绪与我们互动，对应影响对方大脑中的感性区。

人际资源：建立人际网络

美国科学院院士马修·杰克逊是人际社交网络方面的权威学者，杰克逊发现：人际网络是人类社会最基本的运作方式，**在人际网络中，你拥有的连接节点越多，你拥有的影响力就越大。**如果你在一定范围内拥有与他人最多的连接数，你就是杰克逊眼中的超级节点，会在无形中对人们产生很大的影响。

一项覆盖美国 130 所大学 72000 多名大学生的研究发现：大学生们普遍都会高估自己和同伴在聚会时饮酒的量。统计数据显示，学生们认为自己的平均饮酒量为 4 杯，还有 25% 的学生说自己喝了 5 杯甚至更多，而且有超过 70% 的学生在估计其他同学的饮酒量时高估了至少 1 杯。但是在聚会中，大家实际上并没喝那么多，到底是什么因素影响了大家对于饮酒量的判断呢？经过进一步研究发现：饮酒多的人往往是聚会里最活跃和曝光度最高的人，他们是聚会上的超级节点。大家之所以会觉得喝了高于实际数量的酒，是受到这些超级节点的影响，也就是说这些超级节点影响了学生们对事物的实际认知。因此，从扩大影响力的角度，我们应该增加自己和他人的连接节点，扩大自己的人际网络。

但是很多人可能会说自己平时工作已经够忙了，而且其他人也很忙，大家好像都没什么余力社交。这一点其实是很多人的误区，因为人们天生就喜欢社交，在《社交天性》一书中，马修·利伯曼通过研究发现：

1）大脑天生就喜欢社交，人们对社交的需求甚至大于对食物的需求，缺乏良好人际关系给大脑带来的痛苦体验和实际身体疼痛给大脑带来的痛苦体验没有差别。也就是说人天生就对社交有需要，你不用担心别人不喜欢交朋友。

2）社交会大大激活大脑中的奖赏系统。在组织中建立人际网络，与他人进行协作，会给大脑带来正向反馈，人人都需要这种积极反馈。

虽然大家都有社交的需要，但是毕竟在工作中人们会受到时间和精力的限制，所以我们需要抓住一些关键人来构建人际网络，这样既能节省时间又能扩大影响力。

杰克逊在建立人际网络方面提出了四个重要维度：连接数量、连接质量、传播效率和结构洞，我们最好以此入手寻找关键人建立人际网络。

连接数量，是指那些已经和很多人建立连接的人。一般来说，这样的人因为连接数量大，确实有一定的影响力。但是拥有最多的人际连接并不一定就影响力最大。因为我们不光要看人际连接的数量，还要看连接的质量，也就是连接的人中有多少"牛人"。

连接质量，在现实世界中，人际连接质量其实比数量更有参考价值，"谈笑皆鸿儒，往来无白丁"，有的人可能并没有庞大的关系网络，但来往密切的朋友都是行业专家或者社会名流，那么这个人的社会影响力也同样不容小觑。

全球最大的搜索引擎谷歌就把连接质量作为自己搜索算法的核心逻辑。最早的搜索引擎是按照搜索到的关键词数量来进行排序的，比如你打算买一辆 SUV 型的汽车，在搜索网站搜索"SUV"这个关键词，想收集一些关于 SUV 最新车型的有用信息。搜索引擎就会把含有 SUV 这个关键词数量最多的网页排到最前面。但是，很快人们就开始利用这个规则进行投机，比如：故意在自己的网页上简单堆砌很多关键词，但是整个网页上的内容对于搜索者没有任何价值，只是帮助网页的拥有者吸引了流量，这样就大大降低了网民们使用搜索引擎的体验。

后来谷歌升级了算法。不是看这个网页本身包含多少个关键词，而是看什么样质量的网站连接到这个网页。如果很多知名网站都连接到这个网页，那么这个网页的排名就会很靠前，这样的网页才更有可能为寻找相关信息的网民提供有效信息，真正提升用户体验。

所以，我们无须盲目地拓展人脉，更加专注地去建立高质量的人际连接，才是更重要的。

传播效率，是指能够在短时间内把信息传播更广的人。暇步士现在是一个大家耳熟能详的美国皮鞋品牌，但是在 1994 年之前，暇步士在美国本土也只是一个默默无闻的小品牌，每年皮鞋的销量只有 3 万双左右，公司管理层差点因为销量太低让这个品牌停产。但是 1995 年年初，事情发生了戏剧性的变化。在一次时装发布会上，一位来自纽约的服装设计师偶然遇到了暇步士的两位经理欧文和杰弗里，这位设计师告诉他们：在曼哈顿商业区的各大俱乐部和酒吧，暇步士变成了炙手可热的时尚潮牌，而且曼哈顿的两家暇步士专卖店经常被从纽约各处蜂拥而至的顾客抢购一空。两位经理和这位设计师进一步沟通之后，发现原因是著名的设计师艾萨克·米兹拉希穿了暇步士的鞋，所以大家都开始跟风。原来米兹拉希就是那个具有高传播效率的人。

米兹拉希的传播效率是惊人的！到了 1995 年的秋季，先是知名设计师约翰·巴特利特联系暇步士，说他想在自己明年的春季时装展中使用暇步士鞋。紧接着另外一位曼哈顿设计师安娜·苏也致电暇步士表示希望能够在自己的时尚展中使用暇步士鞋。1995年，暇步士的销量一下子飞涨到43万双！1996年，销量更是进一步增长了3倍，而且在林肯中心举办的时装设计师委员会颁奖晚宴上，暇步士还赢得了最佳时装搭配奖。而这一切的开始仅仅是因为米兹拉希这位传播效率极高的设计师穿了暇步士，所以，在我们的人际网络中，应该找到几个具有高传播效率的朋友。

结构洞，是人际网络中的一个重要概念。简化来讲，如果两个人际网络之间没有任何联系，从结构上看，这两个网络之间就存在一个空白或者说是空洞，这就是结构洞。如果有人能够填补这个空洞，建立起这两个网络之间的连接，这个人的价值就非常大，因为他整合了不同社交圈子或领域的资源。我们应该和占据结构洞的人建立联系，这样就可以把影响力向多个人际网络扩散。

在艺术界流传着这样一句话“没有美第奇家族，可能就没有文艺复兴”。美第奇家族发迹于意大利的佛罗伦萨，这里是欧洲文艺复兴运动的发源地，在15–16世纪也是欧洲的文化中心。美第奇家族之所以能够对文艺复兴起到关键作用，就是因为他们占据了“商界”“政界”和“艺术界”这三个不同圈子之间的结构洞。美第奇家族虽然并不直接掌握每个圈子里最多的资源，但是他们却占据和掌握着通往这些资源的路径，想要跨圈子进行资源交换的人都绕不开他们。政界的官员们想买到好的画作，就得找美第奇家族帮忙联系；商人们如果想找政府官员办事，也得找美第奇家族帮忙通融；囊中羞涩的艺术家想搞画展来扩大自己的知名度，还是得通过美第奇家族的人脉帮其融资，因为美第奇家族不但会用自己的财力资助艺术家，还会联合其他的商人来资助艺术家。虽然佛罗伦萨还有不少非富即贵的家族，但是他们没有美第奇家族这种横跨三个圈子的优势。

我们可以通过与不同社交圈子的人建立联系而占据结构洞的位置，提升自己在人际网络中的价值，如占据不同部门之间、不同业务单元之间的结构洞位置。此外，也可以通过与占据结构洞的人建立连接来扩大影响力。在公司内部，哪些岗位需要经常进行跨多部门的沟通和协作，这些岗位上的人往往就是占据结构洞的人，比如：人事、项目经理、总经办或者综合办公室等。

在杰克逊的研究中，他还发现**“连接会带来更多连接”**，也就是说随着我们人际网络的扩大，更多的人会主动和我们进行连接，这样我们的影响力就会被不断地强化和扩大，形成良性循环。

以上，就是我们平时积累自己的人际网络需要寻找关键人的四个维度。

能力资源：强化专业能力

在美国知名的管理学者史蒂芬·M·R．柯维的畅销书《信任的速度》中，他特别强调了在与他人建立信任时个人专业能力的重要性，出色的专业能力更容易让我们获得对方的信任。有了信任基础，发挥影响力就会更高效。我们可以利用以下三个方法提高专业能力：

第一，二八法则，加速能力。新东方作为全国知名的出国教育机构，不但培训出大批奔赴海外的留学生，而且培养出很多知识付费领域的名师，古典老师就是其中一位。在他的畅销书《跃迁》中，古典老师分享了新东方名师的成长秘诀。2006 年，古典接到俞敏洪老师安排的重要任务：研究当时新东方的各位名师，总结出好老师的能力素质模型，帮助更多老师成长。通过研究调查，古典提炼出优秀老师的 5 项核心能力：

1）专业知识：在授课领域，拥有系统、科学和可验证的知识。

2）课程设计：具备根据学生的不同需求，合理设计课程的能力。

3）呈现能力：通过语言、动作及包括课件和多媒体在内的多种形式，进行形象表达的能力。

4）个人魅力：独具特色的人格魅力。

5）积极心态：心态积极向上并且重视内在修炼。

根据这 5 项核心能力，新东方设计了一个名为“教师之轮”的培养体系。经过“教师之轮”的培训，老师们的授课水平有了显著提升。在这期间，古典老师发现了一个有趣的现象：经过同样课程的培训，有一些老师的成长速度远远超过其他老师，因为他们采取了更加聪明的学习方法——二八法则。他们会先投入 20% 的时间，集中精力把 5 项核心能力当中的某一项能力快速提升到 80 分水平，然后再花 20% 的时间去快速提升另一项能力到 80 分水平，以此类推。

这些成长最快的老师都是平均在每个方面投入 20% 的时间，让自己达到 80 分水平。因此，同样投入了 100% 的时间，他们的整体水平就已经达到了 80 分！而其他的老师，则是在每个单项上投入 100% 的精力，先去追求单项达到 100 分，再进行下一个专项。后者的学习方法有两个弊端：一方面虽然单项优势突出，但是整体教学水平不高，在上课时很难让学员们满意，另一方面花的时间精力太多，效率不高。

所以，如果我们希望在专业能力方面加速成长，一定要试试这个二八法则：首先，搞清楚自己需要提升哪几方面的专业能力；然后，在每个方面投入一部分时间，让自己快速达到80分的水平；之后，依次用一部分时间让其他方面的专业能力也快速提升到80分水平。

第二，借力技术，放大能力。在当代国际绘画界，大卫·霍克尼是相当有影响力的人物，他不仅是知名的艺术评论家，同时也是画家。2006年，他出版了一本轰动国际绘画界的《隐秘的知识》。在书中，他整理了半个世纪以来几乎所有的知名画作，揭示了一个惊人的秘密：自16世纪以来，有一定绘画水准的画家几乎都知道小孔成像技术的存在，而且相当一部分画家通过使用这种技术来进行创作，其中包括文艺复兴三杰之一的拉斐尔！

1999年，霍克尼参观英国国家美术馆举办的“19世纪新古典主义画家安格尔作品展”时，被安格尔的绘画技艺深深地震撼，他发现安格尔尤其在肖像画方面技艺超群，能把模特身上非常细微的特征画得栩栩如生，哪怕是在一幅尺寸很小的画上安格尔都能做到精雕细琢，活灵活现。同为画家，他深知想达到这种艺术效果的难度非常之大。这大大激发了他的好奇心，他想知道“为什么安格尔能达到如此之高的绘画水平”。经过调查，他吃惊地发现，从文艺复兴时期开始，很多著名的画家都能达到安格尔这样超常的绘画水准。

随后他就展开了深入的研究，而且一步步揭晓了答案：从16世纪开始，欧洲的很多画家已经知道小孔成像技术的存在，而且在意大利已经有工匠能熟练打磨出凹凸镜来实现小孔成像的效果了。这些绘画大师很多都会借助一种叫作“暗箱”（这种暗箱是基于小孔成像技术原理用凹凸镜制成的）的设备来作画，他们先通过暗箱把模特投影到纸面上，然后勾出素描稿，最后再上颜色。利用这种技术不但能够让画作鲜活如真，而且还大大提升了绘画的效率。

充分利用互联网上很多免费的数据、应用程序和计算资源来构建放大自己专业能力的软件系统。这是我在读美国知名投资公司桥水公司创始人瑞·达利欧的畅销书《原则》时受到的启发，桥水公司常年稳定保持着优异的投资业绩。该公司的核心竞争力，并不是所谓投资专家头脑中的经验，而是达利欧和团队建立并不断优化的一套投资评估软件系统。他们定期把相关数据输入这套投资评估软件系统，就可以得出相关的投资评估结果。正是凭借着这套不断优化的软件系统，桥水才有了突出的投资成绩。

对普通人来说，虽然没有能力去开发一套很复杂的软件系统，但是可以利用网上很多的**知识管理软件或APP**来建立自己的专业能力放大系统。以我为例，我主要的工作有三项：给各大企业培训、做咨询项目和写作。这三项工作想要做好，背后需要三大专业能力的支撑——学习能力、创造能力和输出能力。针对这三大专业能力，我利用各种APP和程序构建了自己的专业能力放大体系：

利用在线资源来放大学习能力。由于经常要给不同行业的企业授课和做咨询，我必须快速学习和了解全球各个行业的最新动态。所以，利用互联网上很多定期更新的数据和报告，我建立了一套在线数据报告收集系统，能定期收到联合国和各大知名咨询公司的很多报告和数据，帮助我既能提升全球视野，又能把握行业深度。在全球层面，联合国以及相关部署定期发布的数据和报告是我特别关注的，比如联合国开发计划署（UNDP）在全球的劳动力方面的研究报告就非常值得学习。在行业层面，全球各大咨询公司的报告很多都值得关注，比如波士顿咨询（BCG）、麦肯锡和罗兰贝格等不定期发布的行业报告。这些报告都是专业分析师撰写的，所以阅读这些报告，不但可以掌握最新的行业动态，而且提炼出其中的分析逻辑，就相当于向专业人士学习了多种行业分析方法。不管是对授课还是做咨询来说，都非常有帮助。

利用在线思维导图来放大创造能力。不管是写作、培训还是咨询，我都需要快速创造出合适的思维框架，思维导图工具非常适合用在这方面。我使用的是能把思维导图存储在云端，并可以用手机和电脑等各种终端打开进行编辑的在线思维导图软件。这种思维导图软件的好处是你可以随时随地优化和记录你的思维框架，非常方便。这方面的软件有很多，如 MindMaster 等。

利用在线笔记软件来放大输出能力。在线笔记软件（比如为知笔记、印象笔记、网易云笔记等）的好处是可以把你写的文章存储在云端，随时随地使用多种终端打开并编辑。比如在出差的路上，我喜欢用更轻巧且待机时间更长的 iPad 写文章，而且在网上找到的资料也可以直接加进去，这些内容通过在线笔记 APP 都会自动同步到云端，你随后可以用电脑或手机打开再次进行编辑。

利用这三种在线资源，我构建了一个简单高效的专业能力放大系统，保证了我能在每年授课和做咨询近 200 天的情况下还不断成长。所以，我建议你也可以试试。

第三，坚持不懈，精进能力。2019 年，我看了一部很棒的电影《极地先锋》，讲述了挪威人阿蒙森带领团队第一个征服南极点的故事。这部影片让我对阿蒙森产生了浓厚的兴趣，我在查阅了很多资料后发现，他征服南极点的秘诀是：不管天气如何，每天保证前进 30 千米。

1911 年，阿蒙森和英国的思科特几乎同时出发，争夺第一个到达南极点的荣誉。当年 12 月 15 日，阿蒙森成功地把挪威国旗插在了南极点上，成为第一个到达南极点的人，而思科特的探险队则在前往南极点的途中全员不幸罹难。思科特的团队采取了随天气而变的行动策略，他们会在好天气时拼尽全力前进，坏天气时则留在帐篷里。这种策略让思科特团队的状态和情绪产生了很大波动。阿蒙森则采用了完全不同的策略，他的团队基本保持了每天前进的稳定状态。他把团队每天的行程控制在 30 千米左右：天气好的时候，他们不会耗尽精力走得过累；天气不好的时候，他也会激励团队，坚持实现当天的目标。在阿蒙森看来，征服南极点就像是一次长跑，需要坚持不懈保持稳定前进的状态，才能成功。所以，不断精进专业能力也是一个长期的事情，需要设定目标并为此坚持不懈。

在这方面，我给大家的建议是：每年都要给自己设定具体的专业能力目标。这也是我自己的做法，比如在提升写作能力方面，我给自己设有明确的目标，每年至少写 12 篇专栏文章。这种方法的好处是，你能不断看到自己的进步，让自己更有动力去坚持，而且在影响他人的时候，你会更加自信。

好感资源：打造个人品牌

我并不是名人，需要打造个人品牌吗？这里说的打造个人品牌并不是让大家像那些大V、网红或名人一样去做广告、打品牌、买流量，而是建议大家在公司内部让更多的同事了解你，对你产生好感。这样即使你和这个同事不熟，只要对方听说过你，也会对你有一个比较好的印象。你在和对方沟通时，就更容易发挥影响力。在组织中打造个人品牌并非遥不可及，只需要从三个方面（见图2–1）入手：

图2–1：打造个人品牌的三大方面

做出成果。出色的工作成绩和成果是建立个人品牌的基础，有扎实的工作成果作为背书，同事们才更容易信服你。

冯唐不仅是知名作家，还曾在麦肯锡担任高管。他出版过一本书叫《成事》，一看书名我就非常喜欢，成事就是能做出成果。我买了一本读完后发现这是一本解读曾国藩管理智慧的书。曾国藩确实很能成事，看他的生平经历就一目了然：第一阶段，27岁中进士，之后一路做到大学士，成为当时的学术带头人；第二阶段，组建湘军，击溃太平天国；第三阶段，学习西方先进经验，主持建造了中国第一艘轮船，筹办了第一所兵工学堂，引进了第一批西方书籍，还公派了第一批留学生赴美学习。

最让我佩服的是：作为一介书生，曾国藩在打仗方面也相当能成事，白手起家创建湘军，坚持13年，击溃了当时不可一世的太平天国。而且在这么长的时间跨度中，除了攻武昌等少数几次战役有超过3000人的伤亡之外，他领导的湘军一直保持着极少的人员伤亡和极高的胜率。曾国藩把自己在军事上的成事秘诀总结为六个字："扎硬寨，打呆仗。"

——扎硬寨。在进攻太平天国驻守的城池时，湘军到达城下之后，并不急于进攻，而是先扎营。但是扎营并不是我们通常理解的搭帐篷、埋锅造饭这么简单，它有一套近乎变态的严格要求：

首先，勘探地形，如果有条件一定要背山靠水。然后，立即筑墙挖沟，墙要用草坯土块搭建，高八尺厚一尺。壕沟用来防敌人的步兵，深一尺，而且从壕沟里挖出来的土必须搬到离壕沟两丈以外的地方，防止敌人再用这些土把沟填平。壕沟外边一定要布置防御敌人骑兵的花篱，花篱高五尺，其中埋入土里的部分要达到两尺，这样才稳固，而且花篱不能只布置一层，少则两层，多则三层。所有这些工作都要在一个时辰内完成，这样的安营扎寨方式果然很硬核！

——打呆仗。扎好硬寨之后，湘军不急于进攻，而是扎一天的营就挖一天的坑，慢慢往前拱。湘军并不着急在短时间内拿下城池，经常是用半年甚至更长的时间来打这场仗，因此叫打呆仗。比如：曾国荃率领湘军花了五个月的时间挖沟，最终打下了安庆；胡林翼更有耐心，挖了一年的坑，拿下了武昌。

对于这种打法，太平军一开始非常看不上，觉得湘军简直就是缩头乌龟，根本没把湘军放在眼里。但是在进攻的过程中，他们很快就体会到什么叫苦不堪言：一方面太平军的进攻效果很差，步兵有壕沟和高墙挡着，处处受阻，骑兵更是拿花篱没有办法，而且湘军还有火枪，太平军还没攻上来，就被湘军用火枪击退了；另一方面太平军因为长期被围城而耗到弹尽粮绝，不得不弃城投降。正是这种扎扎实实的方法让曾国藩以稳定的胜率和很小的伤亡屡屡摘取胜利的硕果。

曾国藩的做法可以给我们很大的启发：在组织中打造个人品牌，也要先扎扎实实，专注做好每一项工作，不要计较这项工作让你在领导面前的显示度如何；认真对待每一位同事，不论他们是否影响你的升迁，只有步步为营才能做出漂亮的工作成绩来！

主动分享。有了扎实的工作成果之后，通过主动分享，让更多的同事了解和认识你，这是打造个人品牌的关键一步。

2019 年，我受邀去特步讲授影响力课程时。培训负责人 Daisy 老师和我分享了他们内部的一个成功案例：一位在亚马逊工作多年的职业经理人被邀请加盟特步带领一个业务团队。这位经理人加入特步之后，并没有马上埋头于自己的工作，而是主动和培训部联系，希望把自己在亚马逊学到的工作方法分享给大家。培训部非常乐意帮忙组织这样的分享活动，很快就给员工们发邮件介绍了这位经理人的职业背景和要分享的内容。

大家都纷纷报名，第一次分享会非常成功，应更多员工的要求后面又加了几场。通过这几场分享会，公司内部很多人都认识了这位经理人，而且对他很有好感。在随后的工作中，这位经理人再去找其他部门沟通寻求支持和帮助时就很顺畅，他很快就让自己部门的工作有了起色。这位经理人用主动分享的方式，巧妙地帮助自己在新岗位上打开了局面。

除了分享会之外，我再给大家推荐两种方式：

——开公号，发文章。大家可以开一个自己的微信公众号，把工作中的经验和思考写成文章，发表在公众号上，分享到自己的微信朋友圈。这样既可以让你的隐性经验显性化，有助于逐步积累和形成自己的知识体系，加强自己的专业能力，而且发到朋友圈的分享方式，不高调，也不功利，更容易让大家接受。

——申请成为公司的内部培训师。现在很多公司都建立了自己的内训师队伍，可以跟培训部积极申请成为一名兼职内训师。这样不仅能够学到很多好课程，加速自己的成长，同时，内训师的身份可以让你名正言顺地和大家分享，让大家受益，对你建立个人品牌有很大帮助。

学会微笑。我常听人说“经常微笑的人，人缘不会太差”。

加州大学洛杉矶分校的心理学教授艾伯特·梅拉比安在其《无声的信息》一书中，公布了一组研究数据：人们传递出来的信息有55%是通过面部表情表达的，38%是音调表达的，而只有7%是文字传达的。这组数据充分说明了面部表情的重要性，而在面部表情中，微笑绝对是最为重要的一项。美国乔治城大学的学者曾经做了一项实验：他们邀请了很多大学生来参加实验，给每个人提供一台电脑，在电脑上大学生们会看到很多组照片，每一组都并排放着两个人的头像照片（见图 2–2），大学生们要在半秒内看完这两张头像照片，然后对两个人中的哪一位更有能力做出判断。你猜猜大学生们的判断标准是什么？最多的回答就是微笑。可见，一个真诚的微笑就能帮助你在短短的半秒内赢得对方的好感！

图 2–2：用于测试的头像照片（示意图）

更重要的是，**微笑能够帮助你激活对方大脑感性区中的积极情绪。**人类大脑中有两个部分负责记忆：位于感性区的杏仁核存储着情绪记忆（人们对不同情绪的体验），海马区则存储着情景记忆（与环境特征有关的记忆）。杏仁核和海马区联动，将“情绪”与“情景”结合起来，形成“情景模式”。比如在远古时期，一个原始人误闯进一群凶悍的大型食肉动物的领地，差点因此丧命，最后侥幸逃脱。这个原始人就会在大脑的海马区记住这个领地和攻击他的大型食肉动物的特征，同时在杏仁核记住当时恐惧的情绪。他下次途经这片区域附近时，大脑会从海马区调出情景记忆帮他识别出这里是大型食肉动物的领地，同时杏仁核会调出上次的恐惧情绪，这样就可以提醒他赶紧离开。这种情景模式在远古时期大大提升了人类的生存概率。

出于生存考虑，为了提高对于危险的反应速度，海马区不会把当时经历的所有细节情况都记下来，而是抓取一些当时情景中的特征碎片进行记忆，杏仁核则把当时的情绪与这些情景的特征碎片对应并储存起来，即“海马区抓取一些情景特征碎片进行记忆，杏仁核对这些情景特征碎片赋予情绪记忆”。未来这个人只要遇到类似的情景特征片段，杏仁核就调用对应记忆的情绪，这就是人们经常说的“触景生情”。

对同事来说，我们的微笑其实就是一种能够唤起积极情绪的情景特征记忆碎片。因为从出生开始，“微笑”这种特征记忆碎片就和我们的积极情绪记忆紧密联系在一起了。我们还是婴儿时，只要一啼哭，爸妈就会微笑着安抚我们，随着我们不断长大，他人也都是用微笑来向我们表示友好和善意。所以，在海马区中，微笑这个特征记忆碎片早就和杏仁核中的积极情绪记忆联系起来了。

因此，在日常工作中，**我们要经常微笑，**哪怕是不熟悉的同事，当双方擦肩而过时，你的一个微笑就会本能地激发出对方的积极情绪，给对方留下一个好印象。

我们平时需要积累的影响力资源中，能力资源是基石，打造个人品牌要依托于扎实的专业能力，其他人也更愿意和有能力的人做朋友；好感资源是磁石，我们有了一定的个人品牌后，会主动吸引别人来和我们建立连接，帮助我们扩大人际资源；人际资源是魔石，有了更大的人际网络，会放大我们的个人品牌和影响力。

CHAPTER THREE

第三章

事前准备：影响对方的四个维度——STAR

从四大维度来挖掘和准备充分的理由来影响对方使其接受，通过三大类方案灵活解决对方实际的协作难处，从而找到让双方都满意的协作方案。

知识卡片

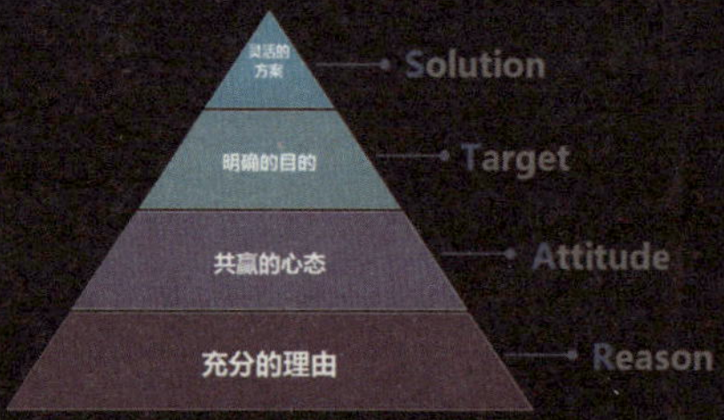

Solution-灵活的方案：

✓ 首选方案、备选方案、第三选择

Target-明确的目的：

✓ 解决问题&维持关系

Attitude-共赢的心态：

✓ 直接互惠、间接互惠

Reason-充分的理由：

✓ 于公、于私、于情、于理

有一项重要工作需要你与另一个部门的同事协同完成，但在你印象里，这位同事不太好合作，你预感到和他沟通一定会遇到困难和挑战。显然，在沟通之前，你最好做些准备，以便应对这位同事的“刁难”，达到你想要的结果。STAR 模型（见图 3-1）可从四个方面进行全方位的事前准备，会让我们在和对方沟通时更有影响力：

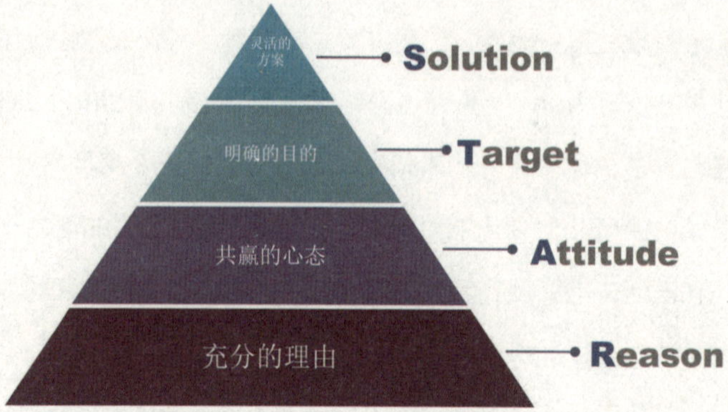

图 3-1：事情准备的 STAR 模型

Solution——灵活的方案：事先要准备多套方案，在沟通的过程中根据对方的实际情况进行灵活选择。

Target——明确的目的：事前明确这次沟通的目的是什么，并提醒自己不要在沟通中偏离目的。

Attitude——共赢的心态：我们不能只为自己考虑，要做好心理准备在沟通中倾听对方的实际情况以及诉求，真诚共赢的心态更容易让对方接受。

Reason——充分的理由：充分的理由是基础，理由充分才能说明此次协作的重要性，如果你没有充分的理由打动对方，本身就说明这项工作没有足够的价值和意义。

这四个方面的关系就像金字塔，从底到顶完成了一次和对方沟通前从战略到战术的准备。

接下来，详细讲解一下如何从这四个方面进行事前准备。

Reason——充分的理由：

如果希望成功影响他人，我们需要先从回答“为什么”这个问题开始，找到打动对方的理由，才能更好地影响对方。[5] 身在职场的你一定也有类似体验，当别人来找你协作一些事情时，你心里的第一个疑问往往是“为什么是我来做这件事”。想要影响对方参与协作，就要有充分的理由来回答“为什么”。在沟通之前，我们可以从“于公、于私、于情、于理”四个方面来准备（见图 3–2）。

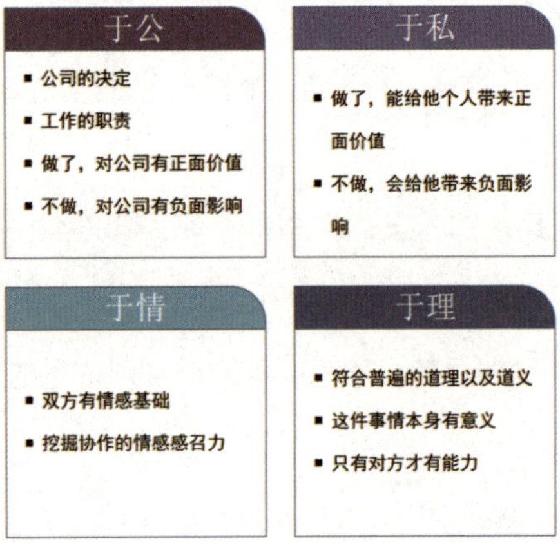

图 3–2：四个方面的理由

---

5 美国哥伦比亚大学西蒙·斯涅克《从“为什么”开始》。

于公：跟公司或工作职责相关。

常见的于公理由：

1）这项协作任务是公司高层的正式决策授权的。

2）这是对方的工作职责所在。

3）如果协作，会给公司带来的正面价值有哪些。

4）如果不做，会对公司造成的负面影响有哪些。

于私：跟对方自身的利益相关。

常见的于私理由：

1）如果协作，会给对方带来哪些正面价值。

2）如果不做，会给对方带来哪些负面影响。

于情：与对方自身的情感以及你们之间的情感关系相关。

常见的于情理由：

1）双方的情感基础，是指你们双方有良好的人际关系。

2）挖掘协作能给对方情感方面带来的冲击和影响。

于理：从普世的道理和道义的角度，对方也有帮助你的理由。比如：这件事情符合大家众所周知的价值观；这次协作本身非常有意义，而且在目前的情况下，只有他有能力帮你，如果对方不协作，不符合大家普遍共识的道理或道义。

如果能够让对方充分意识到这四个方面的理由，就会大大调动其参与协作的积极性。让我们来看一个成功运用这四个方面的理由来影响他人积极协作的真实案例：

20 世纪 70 年代末，美国马萨诸塞州政府为了更好地帮助失足少年重返社会，率先在少年司法制度方面进行了大幅调整：不再设立少年监狱，而是让就业服务中心这类非营利性组织来接纳失足少年。随着相关政策的转变，马萨诸塞州州立青少年服务中心变成了一个为接纳失足少年的非营利性组织提供服务的行政机构。服务中心的工作方式也随之改变，虽然服务中心的大多数人都顺利完成了角色转换，但是由于财务部的工作方式没有做出相应的调整，给他们服务的非营利性组织带来一定的负面影响。

财务部的经理以铁面无情著称，一直冷冰冰地执行着死板的财务规定，只要非营利性组织在交给财务部的费用报表里有一丁点儿错误，财务部马上就会拒绝处理，毫不留情地把报表退回去让他们重做。这种做法给非营利性组织造成了很大的麻烦，他们经常因为报表上的一点儿小错而被财务部拒绝或拖延发放运营资金。非营利性组织的资金本来就很紧张，拖延付款会严重影响机构的正常运转。

青少年服务中心的负责人盖尔·希利接到了很多非营利性组织的电话反映这个问题。为了改变财务部的工作方式，希利邀请财务部经理一起去实地考察非营利性机构的状况。他们开车去了好几家机构，发现这些机构大都分布在贫困社区的老房子里，很多青少年都借住在这里，环境拥挤而嘈杂，工作人员需要照顾每个孩子，一会儿带这个去看病，一会儿带那个去找工作。很明显，这些工作人员大都没有时间可以安静地坐在整洁的办公桌前计算财务报表，更没有经过专业的财务知识培训，非营利性机构的开支也大都徘徊在入不敷出的边缘。如果申请的费用不能及时被批复，轻则迟发工资，重则让孩子们饿肚子，甚至会耽误孩子们看病。可即便在这样的环境中，工作人员还是充满热情和爱心，竭尽所能帮助每一个失足少年重返社会。希利和财务部经理在现场也听了很多感人的事迹。回去之后，财务部很快就改变了原有的工作方式，积极主动地配合非营利性机构的费用审批，大幅提升了批复效率。

这次考察让财务部经理体会到四个方面的理由（见图 3–3）：

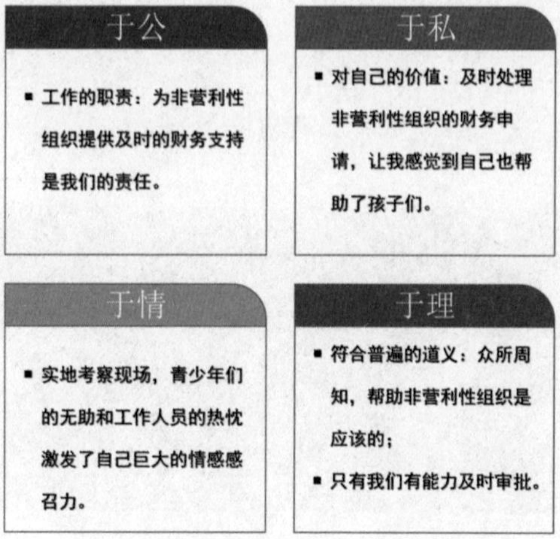

图 3–3：打动财务部经理的四个理由

在沟通之前，不仅要预先从这四个方面准备理由，而且要把这些理由按照从“最充分”到“最不充分”排好顺序，方便我们和对方沟通时使用。

Attitude——共赢的心态：

在博弈论中有一个很有意思的游戏叫“囚徒困境”。[6]警方逮捕甲、乙

6 这个游戏始于 1950 年，由就职于兰德公司的梅里尔·弗勒德和梅尔文·德雷希尔拟定出相关理论之后，顾问艾伯特·塔克以囚徒方式阐述，并命名为“囚徒困境”。

两名犯罪嫌疑人，但没有足够证据指控二人有罪。于是警方将二人分开关押，并向双方提供以下相同的选择：若其中一人认罪并作证指控对方（相关术语称“背叛”对方），而对方保持沉默，此人将立刻获释，沉默者被判监 10 年；若二人都保持沉默（相关术语称互相“合作”），则二人同样被判监 1 年；若二人互相检举（相关术语称互相“背叛”），则二人同样被判监 5 年。

囚徒困境

	甲 沉默	甲 背叛
乙 沉默	二人同服刑1年	乙服刑10年 甲立即获释
乙 背叛	甲服刑10年 乙立即获释	二人同服刑5年

1）如果都只为自己考虑（即选择不合作），我们将得到很差的结果。

假定每个囚徒都是利己的，也就是都寻求最大化自身利益，而不关心另一囚徒的利益。那么，囚徒到底应该选择哪一项策略，才能将自己的刑期缩至最短？由于两名囚徒被隔离关押，都不知道对方的选择；而且即使他们能交谈，也未必能够相信对方不会反水。就个人的理性选择而言，检举对方所得刑期，总比沉默要来得低。试想困境中两名理性囚徒会如何做出选择：

若对方沉默，背叛会让自己获释，就会选择背叛。

若对方指控我，我也要指控对方才能得到较低的刑期，所以也是会选择背叛。

二人面对的情况一样，所以他们的理性思考都会得出相同的结论——选择背叛。

结果二人同样服刑 5 年。

虽然他们本来都希望自己能够被判的年数最少，结果他们却双双被判了比预期多得多的年限，这就是只为自己考虑的后果。

2）如果我们都以共赢的心态（即选择合作）来处理，将得到较好的结果。

以全体利益而言，如果两名囚徒都保持沉默，二人都只会被判刑 1 年。

3）如果是重复多次的囚徒困境游戏，最佳策略是共赢，而不是只为自己考虑。

罗伯特·阿克塞尔罗德在其《合作的进化》一书中，拓展了经典"囚徒困境"的情景，并把它称为"重复的囚徒困境"，参与者需要进行多轮博弈。阿克塞尔罗德发现：多轮博弈之后，"利己"策略（也就是只考虑自己的利益）趋向于减少，而利他的"共赢"策略（也就是选择合作）更多地被采用。也就是说，在互动当中，只有客观地为他人着想，在选择和判断时以"共赢"为原则，才能让自己的利益也得到保障。

当与他人协作时，我们的处境与"囚徒困境"（尤其是"重复的囚徒困境"）出奇的相似。

由于工作需要，我们经常要和他人一起合作来解决问题，比如公司高层安排一个项目，而这个项目需要来自不同部门的两个人合作完成：如果双方能积极地合作，不仅能很好地解决问题获得较好的结果，而且双方的信任感也会加强，为以后的合作打下很好的基础；如果双方都不合作，很直观的结果就是项目完不成，公司高层严厉问责，双方的职业生涯都会受到负面影响；如果其中一方选择不合作，希望另一方来出力完成，有可能在这次的合作中会占到便宜，但如果长远共事，以后对方也会找机会“报复”，那时你的损失会更大，就像电影《无间道》里说的：“出来混，迟早要还的！”

所以，我们自己首先要有共赢的心态：一方面在和对方沟通之前，提醒自己在沟通过程中要倾听了解对方的实际情况和诉求，另一方面让对方通过此次合作也能获益。关于如何让对方获益，哈佛大学教授马丁·诺瓦克在其《超级合作者》一书中，给了我们两个建议：直接互惠和间接互惠。直接互惠，是指虽然你需要得到对方的协助才能完成本次工作，但是这项工作的完成本身也会给对方带来好处，你需要做的就是在本次协助完成后，给对方兑现收益。但是也有可能这次协作本身没有给对方带来什么好处，这时你就要运用间接互惠。间接互惠，是指虽然这次对方帮了你并没有从中得到实质性的收益，但是未来你可以让对方在其他方面得到好处。

Target——明确的目的：

董霏是某国际知名大型连锁超市集团的采购经理。作为采购经理，董霏需要经常和公司的买手部门协作，买手部门会提出产品的采购要求，采购部门在市场上按照买手部门的要求寻找供应商。今天买手部门的张露来找董霏，希望董霏采购一款非常便宜的产品，不但价格要比现在市场上能找到的同类产品的最低价还低5%左右，而且必须满足所有的质量评估和付款要求等条件。董霏在这个行业做的时间也不短了，对于市场上各家供应商的情况很清楚，在她看来，找到这样的供应商是一件不可能的事情。

面对张露的一再坚持，董霏觉得她并不了解市场上的实际情况，这根本就是故意为难自己。董霏生气地质问张露："你们了解市场行情吗？这样的供应商怎么可能找到，你们就知道乱提要求！"

张露也不甘示弱地道："公司对我们买手是有要求的！如果我们对采购产品的要求越来越低，那咱们公司还怎么盈利啊？依我看，你之所以搞不定，就是因为对供应商没有控制力度！"

作为旁观者，让我们按下这次对话的"暂停"键，一起来思考一个问题：从开始对话到现在，她们双方沟通的目的有没有发生变化？沟通开始的时候，双方都是抱着解决工作问题的目的在沟通，可是随着对话的进行，双方的目的已经变成了攻击和指责对方。可以想象如果双方继续下去，最后一定会不欢而散。

在工作中，与他人沟通的目的可以从对事和对人这两个角度来分析：

对事：解决问题是主要的目的。

对人：和对方保持良好的关系是主要的目的。

当然，如果能兼顾对事和对人这两个方面的目的，既解决问题又保持良好关系，达成"两全其美"是最好的。但是在沟通过程中，如果我们偏离了两全其美的目的，就会导致三种结果见图（3-4）：

1）顾此失彼。你特别看重解决问题，强势地给对方施压，虽然对方可能会因为压力而帮忙把这次的问题解决了，但是你的做法肯定会破坏双方的关系，为以后埋下了隐患。虽然顾及了解决问题，却失去了双方良好的关系。

2）粉饰太平。如果对方不愿意协作，你有可能会因为特别看重维持双方的关系，而选择放弃解决问题，结果不过是打造了表面太平的假象。

3）两败俱伤。双方在沟通中如果针锋相对并相互指责，不但没解决问题，双方关系还破裂了。

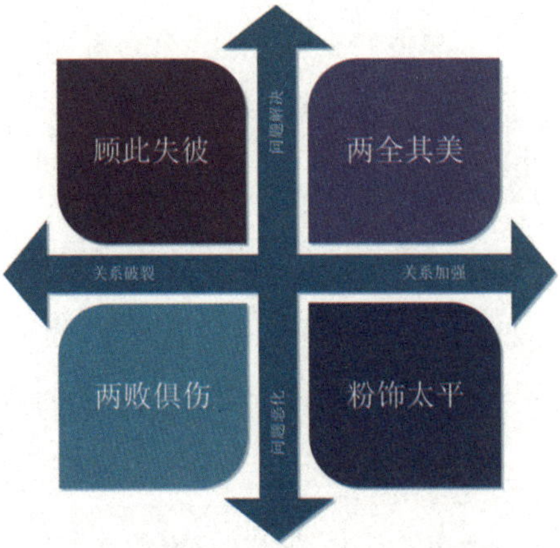

图 3-4：四种结果

这时，让我们再按下“播放”键，看看双方后续的对话：

董霏发现张露的情绪有点激动，开始意识到自己已经偏离了和对方一起解决问题的目的，攻击对方从而也引起了对方的回击。她内心提醒自己：“我今天不是要和张露吵架的，这样不但解决不了问题，还破坏了双方的关系，我需要把注意力放在积极解决问题上。”

董霏停顿了几秒钟，诚恳地跟张露说："张露，我知道你也有难处。对不起，我刚才情绪有点激动。我不是想否定你的要求，也不想影响咱们的关系，我还是想把这件事情和你一起解决好。要不，咱们再讨论一下有没有更好的办法？"

张露看董霏诚恳地道了歉，情绪也缓和了不少，毕竟只有双方合作才能解决问题。

张露告诉董霏，她之所以提出这样的要求，是因为公司总部给她下达了这样的要求，据总部了解，亚洲已经有一些供应商开始使用一种可以把成本降低 15% 的新型生产技术了。所以，她才来找董霏希望帮忙找到成本更低的产品。

心绪逐渐缓和的董霏已经可以把全部的精力投入到寻找供应商这件事情上来了，经过一番排查和多方联络，她锁定了两家供应商，最终满足了张露的需求，解决了问题。

回顾双方的后续沟通，整个对话方向的转折点出现在董霏意识到自己的目的发生了偏离的这一刻，她赶紧向对方道歉并重申了自己积极的目的。董霏的这种转变让双方的沟通重回正轨，最终实现了两全其美的结果。

所以，在和对方沟通之前，我们需要给自己提个醒：不管在沟通中遇到什么状况，始终要坚持既解决问题又维护关系的积极目的，不能偏离。

Solution——灵活的方案：

大学刚毕业时，我进入思科公司成为一名销售。为了让我们这些新人尽快提升能力胜任工作，公司给每个新人都安排了一位资深销售做导师。

有一次，我接到一个重要客户的项目需求，为了给客户一个满意的项目方案，我和工程师熬了好几夜，终于写出了一个自认完美的方案。原本以为凭借这个方案，我很快会得到客户的认可，签下一个大订单。但是，实际情况刚好相反，我们带着方案去和客户沟通，刚交流了还不到10分钟，方案就被客户否定了。虽然客户对这个方案不满意，但是对思科品牌还是很认可的，所以让我们好好修改方案，再找时间沟通。

当时我非常想不通，就跟我的导师请教，为什么客户把我们精心准备的方案轻易就否定了。导师告诉我：**千万不要只给客户一个解决方案。**一方面，这个方案并不一定周全，客户还有其他你不了解的情况，因此容易被客户否定；另一方面，只给客户一个方案，会让对方产生一种不给他选择余地、逼他接受的感觉，没有让客户感到选择权在自己手里。导师的话让我恍然大悟。在需要发挥影响力寻求协助的沟通中，这种思路同样适用，我们最好准备三种方案：

方案一，首选方案。你认为最理想的方案，可以首先提出，如果对方接受这个方案，就能很好地达到你希望的协作效果。

方案二，备选方案。虽然不能完全满足要求，但是能达到可接受的结果，对协作有一定推进的方案。对方否定首选方案之后，我们再提出备选方案。这时锚定效应（开启篇中有所叙述）会起作用，因此备选方案被对方接受的概率会大大增加。你给对方提的首选方案会在很大程度上影响对方对于协作所需工作量的判断，而备选方案和首选方案相比减少了对方的工作量，所以对方更容易接受。

2015年，我在某美资世界500强化工企业授课时，学员跟我分享了一个利用备选方案推动工作的案例。作为世界500强，这家公司在新材料方面的研发实力非常强，几乎可以做到每年都有新材料产品推向市场。2014年年初，美国研发中心开发出一种新产品，中国区的一位产品经理敏感地察觉到这种产品在中国会有很好的应用前景，一定能大卖。但是他们是一家非常严谨的公司，在向新市场推广新产品之前，一定要做充分的市场调研，只有调研数据能够证明新市场有巨大的需求，公司才愿意投入资源。因此，经过测算，在中国做充分的市场调研至少需要100万美元。他就写了一封邮件给这种新材料的总部负责人申请这笔费用进行充分的市场调研。对方很快回邮件否定了他的申请，因为总部认为贸然投100万美元进行市场调研的成本太高。

虽然首选方案被否定了，但是他没有放弃，开始准备备选方案。他必须大幅压缩市场调研预算，这样美国总部才有可能同意在中国市场进行调研。他的备选方案是在国内找两个省（这两个省的主打产业对于这种新产品的需求可能会比较大）进行典型省份的试点调研，而在这两个省投入的市场调研费用仅仅需要10万美元。这个备选方案很快就得到了美国总部的批准。这两个省份的调研数据显示出这种新产品的广阔前景，美国总部随后开始逐渐投入资源把这种新产品引入中国，后来这种新材料在中国区获得了巨大成功，他也因此而获得美国总部的一个新产品推广的重要奖项。

领奖时，他问新产品的总部负责人为什么当时很快同意了备选方案，这位负责人告诉他：和100万美元相比，花10万美元就能了解中国市场中典型省份的需求情况，还是很划算的。如果典型省市的调研结果好，再给中国市场投更多资源也来得及；即使调研结果不好，10万美元的损失也不大。

方案三，第三选择。在首选方案和备选方案都不合适的情况下，我们和对方一起讨论共创第三种方案。第三选择就是在双方的协作过程中，相互激发、讨论共创出让双方都能接受的一种全新方案。[7]

在给企业高管或者高潜管理者做辅导时，我经常利用第三选择来解决棘手问题。2017 年，我受国内某知名网络设备厂商之托作为顾问辅导他们的销售经理。其中一位销售经理接手了另一位离职销售曾负责的一个大客户，该客户一年前和他们公司签了为期三年的采购框架协议。这位销售经理刚接手就去拜访了客户的采购总监。这位采购总监同样是刚履新，他认为上任采购总监签署的采购框架协议里硬件设备的采购价格还是太高，要求今年的采购价格在去年的基础上再降价 10%。

因为有框架协议在前，这位销售经理觉得不降价也是合情合理的。但是他很聪明，并没有直接回绝采购总监。几天之后他又去拜访采购总监，告诉对方去年的框架协议价格确实已经很低了，没办法再降价了（这是他的首选方案）。但是采购总监不但拒绝接受这样的结果，而且还说他们公司对于大客户的诚意不足。无奈之下，销售经理只好跟公司重新申请给客户更多的价格优惠，经公司高层讨论后决定，最多再降价 5%。因为按照之前的框架协议价格，硬件设备的利润已经很低了，再降价 5% 损失的都是实实在在的利润。销售经理又去和这位采购总监沟通，结果采购总监还是不满意，还明确告诉销售经理，他们公司的竞争对手最近正在和他联系，类似功能和性能的产品给出的价格比他们公司现在的采购价格要低。

7　史蒂芬·柯维《第三选择》。

销售经理遇到了两难的困境：按公司的价格，客户不同意；按客户要求的价格，公司不答应。作为顾问，我建议他尝试用“第三选择”的思路来解决这个问题。

首先，销售经理发挥客户公关能力，多次请采购总监吃饭，了解对方的真正意图。席间采购总监委婉地表示：自己刚到这家公司，希望尽快体现出自己在工作岗位上有足够的价值。原来，体现自己的价值才是采购总监的真正意图，10% 的硬件降价是对方体现自身价值的一种方法。

随后，我们想了好几个方案，通过和客户的采购总监以及公司高层的反复沟通，找到了客户和公司都能接受的第三选择：不降低硬件设备的采购价格，但是从今年开始，对新采购的设备，公司多赠送客户一年的服务。因为产品服务本来就是按年度收费的服务项目，所以赠送服务本身也相当于给了客户很大的优惠，采购总监对这个方案很满意。公司对这个方案也很满意，因为他们公司的硬件设备质量过硬，三年之内出问题需要维修的概率很低。所以，对公司来说，多赠送客户一年的服务基本没有成本，硬件价格又没降，公司的硬件利润率也就保住了。利用第三选择，销售经理圆满地解决了这个棘手的问题。

需要说明的是，第三选择不是事前就能准备好的，需要我们在和对方沟通过程中积极倾听对方的实际诉求，然后双方一起讨论在和创造出来。我们在事前要有思想准备，提醒自己：当首选和备选方案都不可行时，既不要强迫对方接受我们的想法，也不要放弃努力，而是要和对方一起讨论共创第三选择。

在沟通前，我们准备了充分的理由，怀着共赢的心态，有着明确的目标以及灵活的方案。下一步，就可以开始和对方沟通了。

CHAPTER FOUR

第四章

沟通影响：灵活多样的沟通方法

在与对方沟通的过程中，肯定会遇到各种阻力，但是通过运用灵活多样的影响力方法，你可以一锤定音，达成想要的结果。

知识卡片

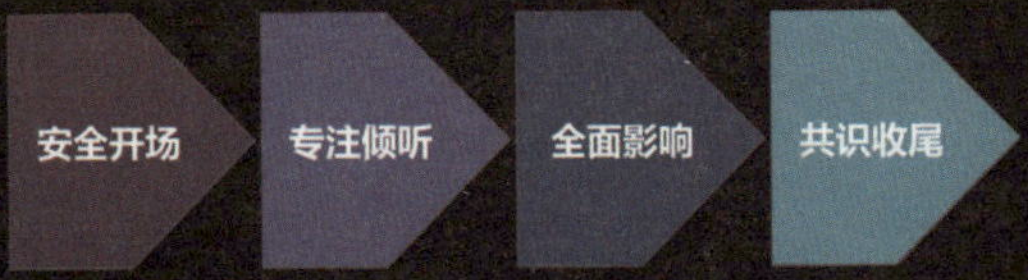

安全开场

- ✓ 拉近关系：拉近距离、寻求帮助、认可价值
- ✓ 说明理由：于公、于私、于情、于理
- ✓ 提出方案：先提出“首选方案”
- ✓ 询问想法：使用“开放式提问”

专注倾听

- ✓ 控制情绪：提醒自己真正的目标，不下结论
- ✓ 倾听原因：意愿类原因、能力类原因
- ✓ 总结确认：用自己的话来总结对方的意思

知识卡片

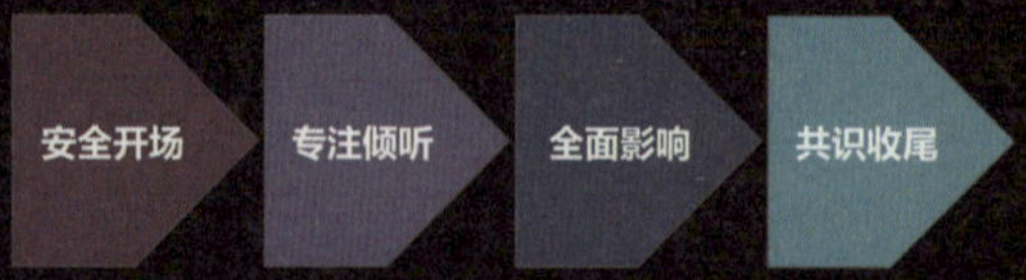

全面影响

- ✓ “意愿类原因”影响策略：对相关方的影响
- ✓ “能力类原因”影响策略：降低难度
- ✓ 获得对方的初步同意：“承诺一致”原理

共识收尾

- ✓ 确定方案：备选方案、第三选择
- ✓ 明确分工：分工协作表
- ✓ 表示感谢

虽然平时注意积累影响力资源，沟通之前也做了充分准备，但不掌握有效的沟通方法和技巧，还是会功亏一篑。在收集和分析了大量沟通失败的案例之后，我发现：从开启沟通到结束，想要成功影响对方，就不能犯以下四个错误。

错误 1：开启沟通时，没有营造安全的对话氛围。

“良好的开端是成功的一半”，从科学的角度来看，如果不从一开始就营造安全的对话氛围，很容易引发对方大脑中报警机制的启动。前文中我们讲了大脑主要有四个脑区组成，其中感性区（又叫情绪脑）的主要功能之一就是感知外界的不安全因素，然后第一时间启动报警机制。为了满足生存的需要，人们对不安全因素的反应，要比对机会及喜欢的事物的反应来得更快、更强烈、更难以克制。[8]因此，人们往往对不安全的对话氛围异常敏感，一旦触发，大脑感性区中的杏仁核就会拉响报警。

杏仁核在人类长久的进化过程中形成了三个特点：

1）负责侦测外界的不安全信号，并具有调集全身应对危险的应急能力。

2）对于紧急情况，杏仁核可以先于大脑的理性区做出反应。

3）为了提高人类对于不安全环境的应对效率，杏仁核只会按照两个简单模式做出快速反应——对抗或躲避。[9]

所以，当我们开启沟通的方式让对方感觉到不安全时，对方会用对抗或躲避来回应你，协作也就无从谈起了。

错误 2：沟通过程中，没有认真倾听对方的实际情况。

---

8 美国心理学家乔纳森·海特《象与骑象人》。

9 源于纽约大学神经科学研究中心约瑟夫·勒杜克斯的研究。

跟对方说完希望协作的事项后，如果对方面露难色说出自己的困难或者顾虑，我们很容易被“基本归因错误”牵着鼻子走，习惯性地认为他人的行为是因其个性和动机决定，你的想法可能是：“他就是怕麻烦”“他就是一个自私的人”。我们会变得不愿意继续倾听对方，错失了解真正的原因并一起解决问题的机会，也许对方确实有很紧急的任务抽不开身，或是并不擅长做你希望他做的事情。

错误 3：遇到拒绝时，没有灵活使用多种方法去影响对方。

人们在面对拒绝时，回应和影响对方的方式，往往由两种归因方式决定：向内归因和向外归因。[10]一类人会倾向于向内归因（归因于自己），他们会把别人的拒绝和自己联系起来，认为是自己哪些方面做得不好，往往觉得“理亏”，继而会放弃影响对方。另一类人则倾向于向外归因（归因于对方），而且还往往归因于对方的动机或个性（基本归因错误），然后用强压或攻击的方式来回应和影响对方，希望用这种方式让对方就范，但是往往适得其反。

要么放弃，要么攻击，这两种简单粗暴的影响方式都难以达到好的沟通效果。

错误 4：沟通收尾时，没有就工作细节进行明确。

如果沟通比较顺利，在收尾阶段一定要和对方就协作的细节（尤其是时间期限）进行明确并达成共识。对于没有设定时间期限的任务，人们往往会往后拖，只有设定了最后期限，人们才会在最后期限之前去完成，这就是心理学中的“最后通牒效应”。有这样一个关于“最后通牒效应”的

10 源于斯坦福大学的劳伦·霍伊等心理学家的研究。

实验：将30位阅读速度基本相同的小学生分为2组，每组15人。把2组小学生分别带到不同的教室里，然后让他们同时开始阅读同一篇课文，并记录时间。第1组的学生们并不限制时间，让他们自由阅读，结果学生们平均用了8分钟读完；第2组的学生们规定必须在5分钟内读完课文，结果学生们用了不到5分钟就都读完了。这个实验反映了“最后通牒效应”对人们产生的影响。所以，如果我们没有和对方明确需要达成共识的细节，尤其是时间期限，对方很有可能会先去完成有时间期限的工作，而把需要协作的事情往后拖。

从沟通的全流程来看，如果我们可以避免这些问题，将会大大提升沟通的成功率，这也是沟通影响的四个步骤（见图4—1）：

第一步，安全开场。在开启沟通的时候营造安全的沟通氛围。

第二步，专注倾听。在沟通的过程中，注意倾听对方对于此次协作的看法，尤其是无法协作的原因。

第三步，全面影响。根据对方不同的原因，需要运用不同的影响力方法进行沟通，才有可能获得对方同意协作的承诺。

第四步，共识收尾。将协作的细节明确并达成共识，才能及时达成协作的结果。

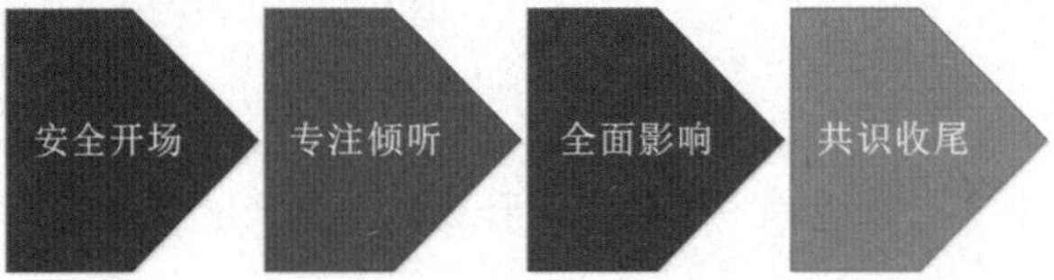

图4—1：沟通型影响力的四大步骤

接下来，我们详细解析这四个步骤：

第一步，安全开场。

我的朋友刘文（化名）在一家咨询机构的研究部门工作，主要负责撰写研究报告。和她所在部门紧密协作的综合处负责对接外部专家，比如把研究部撰写的报告送给相关的外部专家进行审议等工作。

一天晚上，她面色阴沉地来参加我们几个朋友的聚会，刚刚坐下就生气地吐槽："负责和专家对接的那个小姑娘张佳佳今天给我打电话，跟我说'刘文，你负责的那份报告，你自己今天去送给专家吧，我这边很忙走不开'，好像命令我一样！我当时就告诉她'我也很忙，没时间'，送报告给专家本来就是她分内的工作，快到截止日期了，她自己忘了，凭什么我去送？！而且她小我好几岁，说话还直呼姓名，像下命令一样，听着就让人生气！"显然，刘文之所以不愿意帮她，是因为张佳佳在开启沟通时没有营造好的沟通氛围。

在开启沟通时，我们可以利用以下的思路来营造安全的沟通氛围：

首先，拉近关系。想拉近关系先要拉近距离，如果能面谈就不要采取打电话或者发邮件的形式。一方面，面谈能够让对方感觉到事情的重要性；另一方面，很多事情通过电话或者邮件会让信息失真，无法恰如其分地传达你的全部想法。人们传递出来的信息有 55% 是通过面部表情表达的，38% 是音调表达的，而只有 7% 是文字传达的。面对面沟通能够让对方更好地感受到你的诚意，也能让你通过观察更清楚地了解对方的真实意图。

选择合适的时机和场合也很重要。如果你和对方比较熟识，可以选择比较轻松的非正式场合，轻松的氛围更容易让话题展开；如果你和对方不太熟，尽量选择在对方不太忙的时候，主动去找对方沟通以示诚意。

除了利用距离、场合和时机等外部条件拉近关系之外，掌握下面两种开场关键话术来拉近关系，往往也能够起到很好的效果：

1）真诚地寻求帮助，不要打官腔。作为职场人，大家对打官腔这种说话方式都很反感。如果你能真诚实在地寻求对方的帮助，会更容易让对方接受。即便是在你有充足的理由让对方给予你协助的情况下，“公事公办”的态度得到的回应，往往也是敷衍的。

2）认可对方在此事中的重要性及能力。“真诚地欣赏与赞美他人”[11]是一种高效拉近人际关系的好方法。认可对方在此事上的价值，就是一种赞美，能够很好地拉近你们之间的关系。

其次，说明理由。在拉近和对方的关系之后，我们需要说明事前准备的“于公、于私、于情、于理”四个方面的理由（见图 4–2），**并先从最为充分的理由说起。**

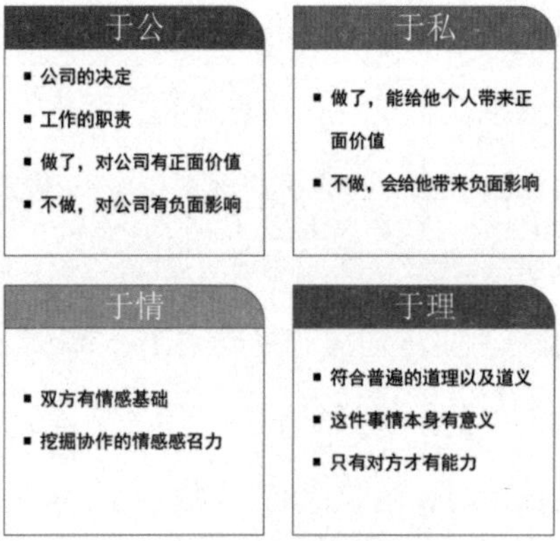

图 4–2：四个方面的理由

11 戴尔·卡耐基《人性的弱点》。

在实际操作的过程中，分两种情况：

情况 1：有充分的“于公”方面的理由时，要先说“于公”的理由。如果有充分的“于公”理由，比如这件事情是公司高层做出决定来让对方协助你，或者这件事情本身就属于对方的职责范围等，那么就先说“于公”方面的理由。因为双方毕竟是在谈工作上的事情，有充分的“于公”理由让对方很难拒绝你。说完了“于公”方面的理由，接下来说其他三个方面最充分的理由，以此类推。

情况 2：没有充分的“于公”方面的理由时，建议先说“于情”的理由。没有充分的“于公”理由，说明在工作层面对方不给予你协助也说得过去。在这种情况下，建议先从“于情”的理由说起，利用你和对方平时积累的良好关系来打动对方。可见，平时积累人际资源有多重要。

然后，提出方案。说明理由之后，你可以提出希望对方协作的事项方案，但是需要注意两个方面：

1）提出的方案要清晰具体。具体的方案应该包含两个方面：一是要量化或者行为化，要有具体的数量要求，要可操作，让对方知道具体做什么；二是要有明确的时间期限，告知对方希望在什么时间内完成。

2）先提出事先准备的首选方案。在上一章，我们提到了需要事先准备好三种方案：首选方案、备选方案和第三选择。在开场阶段，需要拿一个方案作为双方讨论的基础，建议大家先提出首选方案。这样一方面能给自己留些余地，如果首选方案被否，我们还有备选方案和第三选择，另一方面如果首选方案被对方接受，将会对协作效果有最大的帮助。

最后，询问想法。提出协作方案之后，需要询问对方有什么想法。建议用开放式问题来询问对方，尽量不要用封闭式问题。

1）封闭式问题，是指给对方限定选项，让对方做出有限选择的提问方式，比如：这么做你觉得行不行？这项工作你愿不愿意做？

2）开放式问题，是指不限定特别具体的选项，给对方更大的思考和回答空间的提问方式，比如：你对这件事情有什么想法？你觉得这个项目咱们怎么做比较好？

使用开放式问题来询问有两个好处：

第一，开放式问题可以给自己留更大的余地。封闭式问题会让对方有一种被强迫做选择的感觉，容易引发对方的抵触，如果对方直接给了否定的答案，不但会让沟通氛围陷入尴尬，事情也没了回旋的余地。开放式问题则不一样，不但会给对方留出足够的表达空间，而且也给我们自己留出了余地。即便对方有些顾虑，双方也还有讨论的空间。

第二，开放式问题能了解对方更多的想法。封闭式问题无法收集到更多的信息，只让对方做出有限选择。但是事情往往不是简单做出一个选择就可以的，很多时候需要考虑对方的很多实际情况。开放式问题可以让对方表达更多想法，我们才能真正全面了解对方，从而有针对性地影响对方。

总结一下，在开启沟通时，我们可以按以下四步来营造安全氛围：

拉近关系。技巧是拉近距离、真诚寻求帮助以及表达对对方的认可。

说明理由。利用“于公、于私、于情、于理”四个方面的理由。

提出方案。先提出首选方案，而且要具体。

询问想法。使用开放式问题来询问对方的想法。

在前面的案例中，如果刘文的同事张佳佳使用了上述方式，结果应该会很不同。

拉近关系	主动去找刘文（拉近距离，表示诚意），面对面真诚地沟通："文姐，我现在有个急事想请你帮帮忙（真诚寻求帮助），一直以来你都挺照顾我的（表达对对方的认可）。
说明理由	今天我答应一个专家要把咱们这个项目的报告给他送过去，刚才领导突然给我打电话，让我下午必须去取一份很重要的资料，导致这份报告我实在没法送。我知道这应该是我的工作，但是和专家失约确实不太好（运用"于公"方面的理由）。文姐，你平时很照顾我（运用"于情"方面的理由），而且这份报告也是你牵头做的，跟专家碰个面对审议也有帮助（运用"于理"方面的理由）。
提出方案	所以，我想请你帮个忙，把这个报告下午给专家送过去，下班之前送到就行（提出具体的方案）。
询问想法	文姐，我确实没想到其他好办法，也想听听你的想法（采用开放式问题）。"

第二步，专注倾听。

在外企工作的那段时间，一位同事给我留下了深刻的印象，他经常说一句口头禅："我就知道！"比如他和同事沟通想让对方帮他做一件事，如果对方显得比较为难，他会装作自言自语地轻声说“我就知道”。如果对方试图跟他解释，他会有些不耐烦边转身离开边说“没事没事，别解释了”。我印象中这位同事在公司只待了不到一年，由于人际关系堪忧，不得不另谋高就了。

“我就知道！”显然，他这么说是因为有了先入为主的想法，根本不愿意听对方的解释，结果导致想办的事情没办成，还搞砸了双方的关系。在沟通时，我们不能妄下结论，而是应该专注地倾听对方。

首先，控制自身情绪。想控制好情绪，就要知道情绪产生的原理。认知是决定情绪的关键所在。[12]这里说的“认知”是指我们对于某种情形的想法。基于认知心理学的研究成果，我在《积极达成：处理好情绪，再处理问题》一书中提出了情绪产生的 CCEA 模型（见图 4–3）。

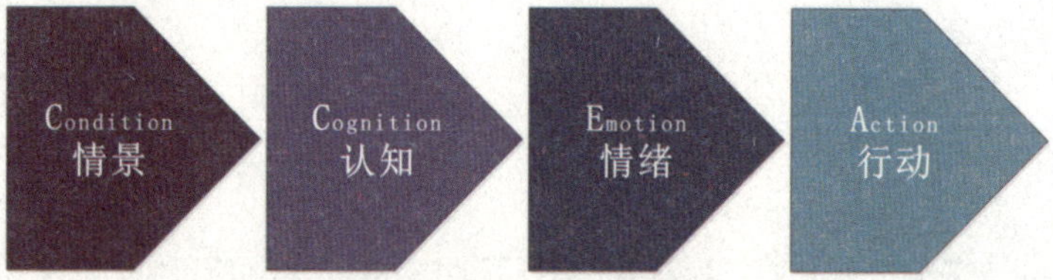

图 4–3：情绪产生的 CCEA 模型

当遇到某个具体的情况（Condition）时，你会产生对该情况的想法（Cognition），这些想法引起了你的情绪（Emotion），在情绪的推动之

12 艾森克和基恩所著的《认知心理学》。

下，你做出了行动（Action）。

比如你和同事一起来承担一项工作任务，由你来牵头，双方进行了分工，也约定了汇总双方工作成果的节点时间。结果到了约定的时间，这个同事才告诉你，他负责的部分还没有完成（出现的具体情况）。面对这样的情况，你肯定会有一些想法，比如："不好，项目要往后拖了！"或者"这工作你是怎么做的？做不完也不提前沟通，拖到最后一刻，肯定是工作不用心！下次再有项目，可不能找这样的人合作了，就会帮倒忙！"

有了这样的想法，你肯定会生气（产生了消极的情绪），很有可能会埋怨他不提前沟通（在情绪影响之下，你做出了行为）。这样一来，你不但会陷入坏情绪中，而且还影响了双方的关系，同时事情也没有得到解决。

既然认知直接导致了情绪的产生，了解哪些认知特点更容易导致人们陷入消极情绪，也就能更有针对性地调整情绪了。他人拒绝我们提出的协作请求时，以下两种认知特点很容易引发我们的消极情绪：

1）过快地下判断，这个认知特点源于人类的进化过程。在远古时期，人类的生存环境危机四伏，为了提升活下来的概率，人们必须快速对突发的危险情况做出判断。

2）责备他人的倾向，这个认知特点源于人们自我保护的本能。一方面承认自己有问题，常常会引起负面的自我评价，这是一种令人沮丧的心理体验，出于自我保护本能，人们会尽量避免这种心理体验，减少对自己的伤害；另一方面，认错往往会给自己带来被惩罚的风险。久而久之，人们就形成了"责备他人"的认知特点。

知道了这两种认知特点，就容易找到调整情绪的方法了：

第一，提醒自己先别太快下结论，而是要听听对方怎么说。针对“过快地下判断”这一认知特点，我们要提醒自己别太快下结论，而是要专注地倾听对方怎么说，毕竟了解原因才能有的放矢地影响对方。

第二，提醒自己真正的目的是什么。针对“责备他人的倾向”这一认知特点，我们要提醒自己这次沟通的真正目的是什么。在上一章，曾经提到过要在事前明确目的的重要性。对我们来说，真正重要的目的是“既解决问题又维护关系”，而不是指责对方。内心唤起这个真正重要的目的，才会让我们重新回到积极对话的轨道上。

其次，专注倾听原因。保持好奇心和耐心能够让我们更加专注地倾听对方。对方拒绝协作时，好奇心可以让我们保持冷静。保持耐心则可以给对方足够的表达时间，让对方把原因讲清楚。如何做到保持好奇心和耐心呢？我分享两个小技巧：

1）用肢体语言呼应对方，比如：真诚地看着对方，不时地点头回应对方。这些都会让对方感受到你对他的关注，从而更愿意和你分享原因。

2）不要打断对方，会让你显得更耐心。对方的原因可能是多方面的，如果只说了一部分就被你打断，肯定会引起对方的反感。

运用好奇心和耐心倾听对方的过程中，我们要把听到的原因进行归类，方便随后针对不同类型的原因运用不同的方法影响对方。我们把原因分为“意愿类原因”和“能力类原因”：

1）意愿类原因。这些原因降低了对方帮助你的意愿，比如：你和对方的关系不是很好；他的领导给他安排了其他优先级更高的工作；公司对他的考核并不包含你希望他做的事情；等等。

2）能力类原因。这些原因限制了对方帮助你的能力，比如：虽然这件事情是属于他的工作范围，但是他之前没做过，不会做；这件事他一个人做不了，还需要其他人协助，但是其他人没帮到他；他需要一些资源（比如资金、数据和信息等）的支持，但是他没有这些资源；等等。

在倾听的过程中，一定要让对方全面地把原因告诉你，这样我们才做到了真正的倾听。

最后，总结并确认。当对方把原因都说完之后，我们还需要进行总结和确认。“总结”是指用自己的理解把对方提到的原因分类并陈述。“确认”是指询问对方你总结的这些原因是否准确以及是否有遗漏。这样做有两个方面的好处：一是说明你一直在专注地倾听对方，增加对方对你的好感；二是防止遗漏并就原因形成共识，为下一步有针对性地发挥影响力打好基础。

总结一下，在专注倾听对方时，我们需要做三件事：

控制自身情绪。通过提醒自己不要过早下判断和回顾真正的目的，来控制自身情绪。

专注倾听原因。倾听两类原因：意愿类和能力类。

总结并确认。就听到的原因进行总结并和对方确认。

对于上面那位经常说“我就知道”的同事，如果用我们建议的方法，他应该怎么做呢？

控制自己的情绪	我可能过快地下了结论，对方确实会有一些实际情况，我应该先听听他怎么说（内心提醒自己先别太快下结论，先听听对方怎么说）。我今天来的目的是既要解决问题也要和对方维护好关系，而不是来吵架的（内心提醒自己回想一下真正的目的是什么）。
专注倾听原因	在倾听过程中，他可以点头并不时地和对方有目光交流（用肢体语言回应）；耐心听对方说完（不打断对方）。
总结并确认	他可以这么说："感谢你能跟我说这些实际情况，刚才你提到了几个主要原因：第一……第二……第三……（总结原因），看看我有遗漏吗（和对方确认）？"

第三步，全面影响。

在耐心地倾听对方的原因之后，就可以有针对性地发挥影响力了。

针对"意愿类原因"的影响方法。这类原因往往让人们束手无策，毕竟对方不愿意，我们又能有什么办法呢？

心理学家发现：人们在选择做哪些事情，不做哪些事情时，会思考自己的选择在未来会带来什么样的结果。如果想让人们愿意去做某件事，就要让他们知道这样做相比其他选择会带来更好的结果，我把这种方法称为**"帮助对方看清楚他的选择对相关方的影响"**。

"相关方"和"影响"是这个方法中的两个关键词。相关方是指因他的选择而受影响的对象。相关方一般包括三类：对方自身，其他和此事有关的人（他的同事、上司、家人等），有关的组织（所属团队、部门以及公司）。大多数人在做选择时，视野会比较狭窄，最容易想到的就是对自己的影响。这样考虑并不周全，做出的选择不一定是最佳选择。所以，我们要帮助对方看到他所做的选择对主要相关方（他自身、其他人以及组织）的影响，才更容易用全面的结果来影响他。

中国古语有云："两利相权，取其重；两害相权，取其轻。"所谓"影响"，最重要的就是让对方看到"利"和"害"，也就是能带给相关方的"正面价值"和"负面后果"。

把"三类相关方"和"影响的两个维度"组合起来，可以用这个"相关方影响分析表"来让对方看清楚他的选择对于相关方的全面影响：

影响	相关方		
	对方自身	相关人（他的同事、上司、家人等）	组织（所属团队、部门以及公司）
利：如果他选择协作，能给相关方带来哪些正面价值。	例如：如果他配合协作，会突显他的工作能力，让他的职业发展空间更大。	例如：如果他配合协作，会给他的上司和同事带来很大的工作便利性。	例如：如果他配合协作，会给公司带来很大的价值，帮助公司提升品牌形象等。

害：如果他选择不协作，会给相关方带来哪些负面后果。	例如：如果他拒绝协作，会影响他的职业发展。	例如：如果他拒绝协作，会给他的上司和同事造成很大的工作不便。	例如：如果他拒绝协作，会给公司造成巨大的损失，导致公司品牌形象受到负面影响。

我有一位朋友在北京的一家事业单位做中层，他刚从其他单位挖过来一位看似精明能干的男职员。刚到我朋友的部门时，这位职员确实表现出了精明强干的一面，做出了一些工作成绩。但是想在事业单位升迁，不但需要出色的工作成绩，还有另一个重要因素就是一定的工作年限。由于觉得自己在单位的工作年限不够，所以几个月过去之后，他就越来越懈怠，从精明强干变成了“八面玲珑”，俨然成了“老油条”。我朋友成功地用**“帮助对方看清楚他的选择对相关方的影响”**帮助这位职员转变了工作态度。

他将这位职员找来，进行了一次推心置腹的深谈。（以下 A 为领导，B 为职员。）

A：小袁，上个月咱们部门承办的会议正值开幕阶段，你为什么一定要在这个时候休年假呢？

B：主任，想必您也听说了我的情况，我老婆两个月前意外流产了，她心情很不好。我想带她出去散散心，当时心一热就订了机票，后来看部门的人都那么忙，我想过要退票的，可那机票折扣太低，退票的话一分钱都拿不回来，我也是没办法。

A：你的心情我能体会，毕竟你是一家之主，以后等有了孩子，确实事事都要依靠你，我比你年长几岁，我现在就处在这个阶段啊。我家孩子正准备小升初，好的公立学校如果考不进去，就要考虑进学费高昂的私立学校。你有没有想过这个问题，再过几年等你有了孩子，如果那个时候你依然是一个普通职员，遇到这类问题，你是否能够负担起这些支出？

B：我还真没想到过这些问题。

A：我记得你和你爱人老家都是东北的吧，听说你的父母也都在当地政府机关工作，当时你研究生毕业其实也有大把的机会去企业里工作，那里薪资还相对高些。但最终选择来到事业单位，应该也是受到家里的影响吧，毕竟老家的人们对于公务员还是挺看重的。等再过几年，你年近四十的时候，如果依然是现在这样，你是否想过那个时候如何面对家里的亲戚？毕竟他们都觉得你能在首都的事业单位工作，在体制内能有正式编制，你就是他们心里的骄傲啊。

B：主任，我懂了，之前我懈怠是因为考虑得太少了。其实您说的这些，再过几年我确实都将要面对。对于孩子和家庭，都是我未来一定要考虑的因素。

这次谈话之后，小袁的工作态度转变不小，再加上本身就机智聪明，朋友说他现在因为工作表现优异，已经提升为所在部门的处长。

用“相关方影响分析表”就可以清晰地看清楚小袁的选择对他和相关方带来的影响：

影响	相关方		
	我	相关人：孩子	组织：家庭
利：如果我努力工作，能给相关方带来哪些正面价值。	自己获得升迁。	孩子在升学等问题上能有更多选择。	父母亲戚对我赞赏有加。
害：如果我继续懈怠，会给相关方带来哪些负面后果。	自己无法实现职业抱负。	无法负担孩子求学的费用。	父母亲戚对我逐渐失望。

针对"能力类原因"的影响方法，可以从"降低对方的协作难度"着手，具体有两种思路：

1）**减轻负担，**是指减少需要对方协作的事情，不让对方把所有事情都做了，而是只做关键的部分。一般来说，可以从**数量和质量**两个方面来为对方减轻负担。把数量减少，先完成我们可接受的数量；适度降低质量要求，先达到我们可接受的质量标准。

2) **提供支持，**是指提供一些支持来弥补他在能力或资源上的不足。在我们有富余资源或余力的情况下，可以给对方一定的资源或能力上的支持来帮助他降低难度。可以从以下五个方面来提供支持：

Space：空间，是指提供一定的空间支持，比如，如果对方需要举办活动但没有场地，我们可以提供会场等。

Time：时间，是指提供时间上的支持，比如，延长时间等。

Money：资金，是指提供一些资金支持。

Person：人力，是指增加一些人员来帮忙。

Other resources：其他资源，这个要看对方的具体需求而定。

获得对方初步同意。针对他提出的各种原因，我们已经一一化解，对方没有其他理由拒绝我们了，这时是获得初步承诺的最佳时机，一定要趁热打铁先获得对方愿意协作的初步承诺。

“承诺与一致原理”[13]指出：人人都有言行一致的倾向，一旦人们做出某种承诺，就会因为内心和外部的压力，促使他们按照承诺去做，或者说人们对自己做出的承诺有认同感，也会保持行为的一致性。所以，获得对方的初步承诺之后，在下一步讨论具体的协作方案时，对方会更加投入和认同。

关于“承诺与一致原理”有这样一个案例：一家癌症募捐协会采用了直接给陌生人打电话的方式来募资，他们会先向对方介绍协会的情况，然后直接要求对方捐款，但是效果非常不理想。后来，他们运用“承诺与一致原理”重新设计了募捐方法。虽然还是给陌生人打电话，但一开始只是请对方帮忙做一个非常简单的社会道德调查问卷，有十几道题，对方只需

13 由影响力大师罗伯特·西奥迪尼提出。

要回答“是”或“否”就行。题目中巧妙地加入了一个关键问题：“如果癌症协会向您募捐，您是否愿意捐款？”为了显得自己很有社会道德，大部分人的回答都是愿意。几天之后，癌症协会再打电话给做过调查问卷并回答愿意募捐的人请他们募捐，结果大获成功，募捐率增长了 7 倍多。先利用调查问卷的环节获得被调查者的承诺，然后利用“承诺与一致原理”成功影响那些承诺捐款的人捐款。[14]

第四步，共识收尾。

有了对方的初步承诺之后，双方更容易就协作的具体方案达成共识，沟通就可以进入收尾阶段了。但是我们也不能掉以轻心，还需要做到以下三件事，才能获得圆满的结果：

首先，确定方案。这个环节非常关键，如果找不到让双方都能接受的具体协作方案，这次沟通还是会以失败告终。到了这个阶段，你之前提出的首选方案很有可能已经被对方否定了，那么就要用到事前准备的另外两个方案：备选方案和第三选择。但是如果备选方案也不能符合对方的实际情况，双方就要一起寻找第三选择了。如何高效地找到第三选择呢？

1992 年，一种可怕的新型霍乱在印度肆虐。政府官员和医疗人员需要相互协作来解决这个棘手的难题。但是双方却陷入了相互指责的协作困境，政府官员指责医疗人员提出在重灾区净化水的费用要求太高，根本没有办法满足。医疗人员指责政府官员只关心钱，根本不关心民众的生命。就在他们双方争吵得不可开交的时候，印度科学家阿肖克·加吉尔却一直在思

14 罗伯特·西奥迪尼《影响力》。

考能让饮用水快速净化的低成本方法。他想到了紫外线能杀死细菌，于是将一个标准的荧光灯泡放在一盆被霍乱感染的水里，结果紫外线很快就把水完全净化了。加吉尔又乘胜追击进行了第二次改良，他用印度各地都能很方便买到的汽车蓄电池来给这种简易的紫外线净水器供电。这种接地气的方法，很快被印度各地采用，对消除霍乱做出了巨大的贡献。现在这种紫外线净水器已经被广泛应用于世界各地，用加吉尔的方法处理一吨水的成本不到一美分。加吉尔成功地用创新的“第三选择”解决了政府官员和医疗人员的协作困境。[15]

步骤1：了解协作双方最看重的诉求。在印度治疗霍乱的案例中，政府官员最看重的是要把费用控制在一定限度内，这也情有可原，毕竟政府要做的事情很多，各方面都需要经费，政府官员用在治疗霍乱方面的费用肯定是有限的。医疗人员最看重的是尽快净化水，防止更多人得病，这是他们的天职。

步骤2：明确双方能接受的共同诉求。“双方都能接受”是非常重要的前提条件，如果有一方不接受，就失去了继续讨论的意义。在印度治疗霍乱的案例中，政府官员和医疗人员都能接受的共同诉求是：在满足经费要求的情况下快速净化水资源，防止霍乱继续蔓延。

步骤3：一起寻找能实现共同诉求的创新方案。在寻找第三选择时，**“先抓住本质，再跨界思维”**是非常重要的创新思路。先抓住本质，不要被表象所迷惑，以本质作为我们思考的起点。再跨界思维，是指突破解决问题的常规方法，只要能实现本质，各种方法都可以考虑，说通俗点就是

---

15 史蒂芬·柯维《第3选择》。

要开脑洞。

还是以印度治疗霍乱为例，对于净化水来说，本质就是要杀死水中的霍乱病毒，而使用昂贵的化学物质来净化水只是一种方法而已，突破思维边界，想想除了用化学品净化水之外，还有其他哪些净化水的方法，比如，把水烧开靠高温杀死病毒行不行？用火碱净化水行不行？突破思维边界之后，我们会发现可能的方法还是不少的。最后，在找到的诸多方法中利用共同诉求作为筛选标准，找出既能实现低成本又能快速净化水的方法，就是加吉尔设计的简易紫外线净水器。

其次，明确分工。找出了让双方都能接受的协作方案之后，接下来就是执行了。在执行过程中，一定要避免出现以下两种情况：

1）分工不清。这会导致大家责任不明确，协作效率下降，甚至相互推诿，破坏双方的合作关系，所以需要进行明确的分工，保证大家都能清晰地去执行。

2）没有跟进。这会导致执行过程中出现新问题不能及时解决，容易出现“烂尾工程”，而且时间长了会养成惰性。因此，需要安排相关的跟进计划，及时解决大家的问题，也能增强大家的责任性。在分工时，我们可以利用分工协作表：

Who 谁需要参与？	What 该做什么？	When 什么时候完成？	Measure 衡量标准
你			
对方			
其他相关人			

对于跟进计划，常见的方式有三种：

①例行跟进。定期来跟进问题的解决，比如，一周一次的例会。

②里程碑跟进。以问题解决的阶段性里程碑成果作为跟进方式。

③突发事件跟进。在解决问题的过程中出现突发情况时，进行跟进。

不管用哪种跟进方式，最重要的是要保证问题能够得以解决。

最后，表示感谢。明确了分工和跟进方式之后，对方就要开始去推进协作了，对方会花很多时间在和你协作的这件事情上。所以，请真诚地感谢他的配合。

综合案例：

在“沟通型影响力：掌握轻松说服对方的四个步骤”这一章中，我们分享了一个案例：在非核心产品M系列设备紧缺并且客户要求尽快发货的情况下，罗昊和负责供货的同事（赵静）沟通，成功地发挥影响力解决了供货问题。在本章中，我们详细讲解罗昊是如何运用沟通步骤和技巧的：

步骤	细节要求	沟通过程
第一步 安全开场	拉近关系	罗昊约了赵静在她方便的时间电话聊聊（选择合适的时机）。 罗昊：“赵静，我现在有个急事想请你帮帮忙（真诚寻求帮助），你在这方面最有经验（表达对对方的认可）了。” 赵静：“别着急，你说吧，什么事啊？”
	说明理由	罗昊：“我们省的客户 W 最近买了咱们 10 台 M 系列的设备，而且要货要得很急，要求这几天就要供货（运用‘于公’方面的理由），关于供货方面的信息你掌握得最全面（运用‘于理’方面的理由），而且你平时都挺为我们销售着想的（运用‘于情’方面的理由）。
	提出方案	所以，我想请你帮个忙，本周把 10 台 M 系列的设备发给我这个客户（提出具体的方案—首选方案）。
	询问想法	我想听听你的建议（采用开放式问题）。” 赵静：“明白了。但我这次估计帮不上你了，现在供货有很大困难。”

第二步 专注倾听	控制情绪	罗昊内心提醒自己：“赵静确实可能有些实际困难，我应该先听听她怎么说（提醒自己先别太快下结论，先要听听对方怎么说）。我今天来的目的是解决问题，而且要和对方维护好关系（提醒自己回想一下真正的目的是什么）。”
	专注倾听	罗昊：“理解，你能跟我说说实际困难都有哪些吗？我看看能不能和你一起想想办法解决（专注倾听对方的原因）？” 赵静：“前几天南区销售同事张鹏的一个重要大客户买了 9 台 M 系列的设备，供货时间也很急，他比你先订货，我要先给他的客户供货（供货优先级比罗昊高，这属于“意愿类原因”），后天就要发货了；我现在手里只有这 9 台设备，没有存货了，你要 10 台，我确实没有啊（资源不够，这属于“能力类原因”）。我看你这个客户 W 也不是公司的 VIP 客户，而且订单金额也不大，能不能让他们再等等？”
	总结 并确认	罗昊：“明白了，现在主要有两个原因（总结原因），一是 M 系列的设备不够了；二是南区的销售同事张鹏比我先下单了，要把全部 9 台设备都发给他。对吧（与对方确认）？” 赵静：“没错！”

<table>
<tr>
<td rowspan="2">第三步
全面影响</td>
<td>影响“意愿类原因”</td>
<td>罗昊：“我很理解你的难处。虽然我这个客户不怎么知名，订单也不大，不过确实对客户和公司有特别重要的意义。一方面这个客户是我们区域的重要客户，他们最近要上马一个新业务，我们给客户做的是网络安全整体解决方案，M 产品只是最开始的一部分产品，未来随着客户新业务的增长，他们肯定会采购更多公司的核心产品，而且客户的这个新业务在他们所在的行业内也是趋势，我们可以把这个客户作为成功案例，对行业内的其他客户会有很大的影响和示范作用；另一方面，客户负责人是新上任的，非常希望通过这个项目来体现自己的价值。如果我们不能如期供货，会对客户的负责人造成很大的负面影响，不排除客户会以无法及时供货为由取消合同，而选择我们的竞争对手。这样的话，公司不但少了业绩，还给对手率先建立新业务解决方案的成功案例提供了可乘之机。所以，这个订单很重要。虽然这次项目的金额不大，咱们确实也得尽快解决啊。”
（帮助赵静看清楚她的决定对相关方公司、客户和竞争对手的影响，提升赵静的协作意愿。）
赵静：“我理解，可是现在确实是 M 系列设备不够啊，只有 9 台，即使都给你，也不够 10 台啊，更何况南区销售的大客户要得也很急。”</td>
</tr>
<tr>
<td>影响“能力类原因”</td>
<td>罗昊：“要不这样吧，我也不能那么自私，把 9 台设备都要过来，你先给我三四台就行（减轻赵静的负担），剩下的都给南区的张鹏；如果需要的话，我也可以跟张鹏沟通沟通，我们俩关系还不错，不让你为难（给赵静提供支持）。”</td>
</tr>
</table>

第三步 全面影响	获得对方初步同意	罗昊："咱们先朝这个方向一起努力吧！你觉得呢？另外，如果有需要，我随时可以和张鹏沟通（争取获得赵静的初步同意）。" 赵静："好吧，目前也只有这个方法了，试试吧。我先跟张鹏沟通一下，如果需要你去和他沟通，我再告诉你。我现在就给他打电话沟通一下，估计他还得跟客户沟通。你先忙其他的事情，等我回话。" 罗昊："好的，辛苦你啦！" ………… 快下班的时候，赵静给罗昊打来电话，双方的对话进入下一步：共识收尾。
第四步 共识收尾	共创方案	罗昊："太神速啦，没想到今天就能收到你的回复。你们沟通得怎么样？我这三四台的请求肯定能搞定吧（先提出事先准备好的备选方案），哈哈！" 赵静："张鹏一开始不太愿意帮忙，问我是哪个销售要货，还问了客户的情况。我就把你和客户的情况跟他说了。没想到，他说跟你很熟，答应帮忙跟客户协调一下。刚刚他给我打电话说可以先给他的客户供 6 台，不能再少了，剩下的 3 台给你的客户。这下你满意了吧？" 罗昊："辛苦啦，太好了，那就这么定吧。" 赵静："没问题，就这么定了。" （双方达成共识，确定了都能接受的方案）

第四步 共识收尾	明确分工	罗昊："具体发货，你看怎么安排？" 赵静："你最晚明天把客户的收货地址和联系人等信息告诉我，我明天就能安排先给你发 3 台。对了，剩下的 7 台，你打算什么时候要？" 罗昊："好的，明天上午我就给你发货信息。剩下的 7 台一定要在一个月内发货，当然是越快越好。" 赵静："稍等，我查查下一批 M 系列设备的到货时间……一个月内肯定没问题，应该在两周后就能发剩下的 7 台。" 罗昊："好的，就这么愉快地决定了！我明天把客户的收货信息给你，先发 3 台，两周后把其余的 7 台发给客户，没错吧？" 赵静："没错。" （双方明确了具体分工） 罗昊："对了，我估计客户还是希望知道剩下 7 台的具体发货时间。这样吧，下周五咱们再最后确定一下剩下 7 台的明确发货时间，好吧？" 赵静："可以。" （双方明确了跟进方式）
	表示感谢	罗昊："这次多亏你的鼎力相助才搞定啊。下周五我回北京开月度销售会议，中午请你吃饭！你把中午时间留出来啊！" 赵静："那我就不客气了啊！"

CHAPTER FIVE

第五章

事后巩固：让这次沟通的成功带来更多未来的成功！

通过“兑现承诺”“跟踪进展”和“巩固积累”这三大技巧，我们不但圆满地实现了想要的协作结果，而且也积累和巩固了影响力资源，让这次协作的成功带来未来更多协作的成功。

知识卡片

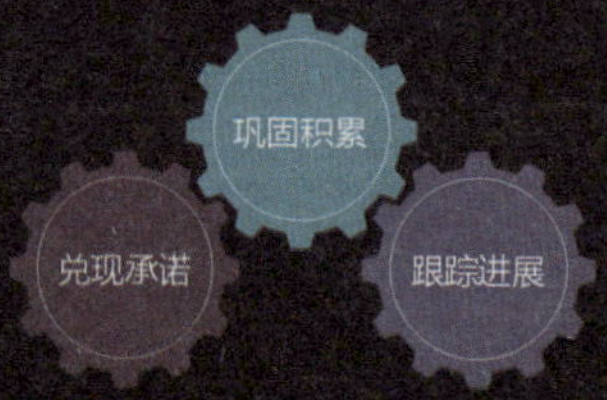

兑现承诺

- ✓ 表达诚意、兑现承诺的行动就是一种影响力

跟踪进展

- ✓ 把跟进的环节变成激发大家动力的环节

巩固积累

- ✓ 积累“人际资源”：表达感谢、间接互惠
- ✓ 积累“能力资源”：行动后反思
- ✓ 积累“好感资源”：做出第一项目、主动分享

PDCA 循环是由美国质量管理专家休·哈特博士率先提出的，一开始被运用在全面质量管理方面，后经知名学者戴明推广成为一种普适性的工作思路和方法。PDCA 循环将工作分为四个阶段，即计划（Plan）、执行（Do）、检查（Check）和处理（Act），其核心思想是工作要形成闭环。这点也适用于“一对一沟通协作场景”，虽然本次沟通结束了，但是双方需要协作的事情才刚刚开始，通过事后巩固才能有始有终取得结果，形成工作闭环。

我辅导过的一位学员在事后巩固方面做得非常出色。他是某 IT 企业的销售经理，一位客户向他提出了一项新功能的研发需求，但是当时并没有其他同行业的客户提出过类似需求，况且该客户并不是标杆型客户，采购量也不算大。

面对客户的请求，他对新需求做了调研并发现：这项新功能可以解决的业务问题在该行业的其他客户中确实存在，只是他们还没有意识到应该用这项新功能来解决。如果能够成功开发出来，其产品将具备其他竞争对手所没有的独特竞争优势。于是，他觉得很有必要推动研发部门开发这项新功能。一开始，研发部门以人手有限、工作安排已满为由，并没有同意开发这个新功能。经过多次沟通，研发部门终于勉强答应，但只安排了两个人同他一起投入这个项目。

虽然人手有限，但他还是做了周全的安排。他积极促成客户安排了一次级别很高的项目启动会，由客户的副总裁亲自主持，同时邀请了公司主管研发的副总，这样的安排让客户内部和他们公司的研发团队都感受到了这个项目的重要性，引起了双方的重视。在启动会之后的一周内，他协调客户的使用部门与两名研发同事多次开会沟通，挖掘客户真实的需求。在随后的研发过程中，他对研发同事提出的要求总是第一时间给予回应。

项目启动之后，他和两位研发同事约定，每周固定同他们开两次例会，沟通和跟进项目进展。这样安排既不会频繁干扰研发同事的研发工作，也能及时了解和回应他们需要协助的方面。除此之外，在研发有了重要的阶段性成果后，他便会组织成果汇报会，邀请客户的高层和公司研发部的高管一起参加，给大家汇报项目进展。通过这样的汇报会，一方面，客户高层对他们公司有了更多的认可，促成了这个客户后来的批量采购；另一方面，让公司的研发高管也看到了大家出色的工作，意识到新功能对客户的价值，因而后来又多追加了几位研发人员加入该功能的研发。通过坚持不懈地跟进和推动，这个新功能如期开发完成，在客户的使用过程中获得了很好的反馈和评价，客户后续把设备的采购量增加了一倍。

虽然这个项目取得了圆满的结果，但是他的工作并没有就此结束。他请客户给负责研发该功能的几位研发同事以及研发部的高管写了一份感谢信，感谢他们的出色工作。同时，对整个项目过程进行反思和复盘，写了两份 PPT。

一份 PPT 是销售和研发部门协作的方法总结，这是他回顾与研发部门协作的全过程之后整理出来的，能够帮助其他销售同事了解如何更好地与研发部门进行协作。另一份 PPT 是新功能给客户带来的业务价值点的总结，在拓展该行业的其他客户时，能帮助其他销售讲清楚新功能的卖点和价值。他把这两份总结 PPT 发给了自己的直接上级，作为工作有始有终的收尾，并表示若有需要他愿意将其分享给其他同事。

销售总监看过之后，觉得这两份 PPT 确实对大家有帮助，就发给了各个销售团队。在销售同事中引发了强烈的反响，公司还专门组织他给大家做了分享会。后来，他们公司凭借着这个新功能成功拿下了该行业的很多大客户，大大提升了行业的市场占有率。

事后巩固的三大技巧（见图 5-1）——“兑现承诺”“跟踪进展”和“巩固积累”，帮助他成功推动了这个项目的落实。

图 5-1：事后巩固的三大技巧

第一，兑现承诺。

和对方沟通之后，双方都要按照分工开始推进协作。作为协作的发起方，我们一定要兑现承诺，先做到答应对方的事情。这么做有几个好处：

提高效率，不耽误时间。我们先兑现承诺也是对协作进行实质性的推进。

让对方更加重视。如果我们行动迟缓，对方很有可能会想：“你自己的事情都拖拖拉拉，凭什么我们要重视？”

兑现承诺的行动本身就是一种影响力。我们先“以身作则”去行动，对方是看得见的，自然就会对他们有触动作用。

在兑现承诺的时候，要注意两点：一是要及时，二是最好能超出对方的预期。这样一方面可以让对方看到我们的诚意，引发他们的重视；另一方面，也巧妙地为协作的效果设定了较高的标准，促使他们也做出高质量的协作成果。

在上面的案例中，这位销售经理两个方面都做到了：首先，他在一周内就建起了研发和客户的沟通机制，这很及时；其次，他巧妙地安排了一次正式且高规格的项目启动会，客户高层的出席以及对于项目的肯定，都超出了研发团队的预期，让大家很受鼓舞，也让大家更加重视这个新功能的研发。

第二，跟踪进展。

在上一章的“共识收尾”部分，我们讲到了在双方沟通的最后阶段要明确分工，并且定下来后期跟进的方式（例行跟进、里程碑跟进和突发事件跟进），这样可以及时解决大家的问题，也能增强大家的责任心，及时推动协作的成果。

在事后巩固阶段，我们就要按照约定的跟进方式来推动项目。在上面的案例中，这位销售经理运用了每周两次的例行跟进和阶段性成果汇报会作为里程碑跟进。例行跟进的关键在于把握跟进节奏，要做到既不频繁干扰对方，又能及时了解对方的进展。里程碑跟进的关键在于**把跟进的环节变成激励大家动力的环节。**这位销售经理邀请客户的高层和公司研发部的高管一起参加阶段性成果汇报会，就起到了一箭三雕的作用：

1）引发双方高层的重视。在项目启动会和成果汇报会上，客户及本公司的高管看到彼此出席，都会感觉到对方对于该项目的重视。

2）便于获得更多资源。彼此的高管都看到了项目的积极进展，都会产生参与感和认同感，继而也更愿意投入资源来支持项目。

3）执行层受到激励。一方面，通过这样的汇报会，双方的高层都看到了执行层的努力，更容易认可执行层员工的努力，给他们积极的评价，这对于执行层员工是一种激励；另一方面，既然前一段时间干得不错，后面也要好好干，执行层就不会懈怠。

第三，巩固积累。

把每一次的沟通和协作都变成我们积累的影响力资源，才是高效的明智之举。在“平时积累：三大影响力资源”的章节，我们提到需要积累的影响力资源分为三类：人际资源、能力资源和好感资源。通过这次协作，建立起双方良好的人际关系，就是在积累人际资源；通过对这次协作进行复盘总结，进一步提升专业能力，就是在积累能力资源；通过这次协作，帮助我们扩大个人品牌，就是在积累好感资源。

积累人际资源。可以盘点一下，通过这次协作又和哪些同事建立了人际关系。不过在工作层面上形成的人际关系是浅层关系，需要进一步加深才能成为比较牢固的人际关系。加深双方关系的方法有很多，比如：

1）真诚地感谢对方。表达感谢的具体形式有很多，在上面的案例中，销售经理请客户为研发人员写了感谢信，让研发同事感受到了他的用心，让公司高层知道了研发同事的工作成绩，利于这些同事未来的职业发展。

2）间接互惠。虽然这次对方帮了你，但并没有从协作中得到实质性的价值，你可以在以后工作的其他方面让他受益。

积累能力资源。“行动后反思（After Action Review，简称 AAR）”是积累能力资源的好方法，是我早年在思科公司工作期间学到的。当时，我们销售团队非常推崇这种方法，大家经常利用这种方法进行销售项目的复盘总结。

美军把 AAR 作为一种非常重要的复盘机制。1994 年，美国陆军被联合国派往海地执行维和任务，帮助当局维护社会秩序，执行管理主要的交通要塞等种类繁多的任务。人地两生再加上各种千奇百怪的任务，士兵们经常无计可施。所以，AAR 开始发挥作用。他们对执行完的任务都进行了反思总结，为后面还要执行此类任务的部队开发出一套标准的操作程序，防止后面的部队再犯同样的错误。

举个例子，当时美军进入海地的太子港时，接到了一项非常重要的任务：把孕妇和婴儿运送到安全地带。这让只进行过作战训练的士兵们始料未及，这绝对不是一项简单的任务，运输过程中经常会出现不少孕产和婴儿护理方面的专业问题，士兵们自然是束手无策，就连随行的医务人员也因缺乏这方面的教育背景而效率低下。在运用 AAR 反思之后，士兵们提出了对于执行此类任务的建议并将其写在了相关制度中：“在维和任务中，需派遣具有儿科和妇产科医学经验的医务人员随行。”

AAR 对于帮助你积累能力资源也非常有用。我们可以在每一次和对方沟通之后，使用 AAR 反思表来提升能力资源：

步骤	具体做法
第一步，回顾最初的目标 （What was the intent）	**借助以下的关键问题来回顾自己最初设定的目标：** 1）当初我希望通过与对方沟通达到什么样的结果？ 2）我的目标是什么？
第二步，分析实际的沟通过程 （What happened）	**借助以下的关键问题来分析实际的沟通过程：** 1）实际沟通过程中，发生了哪些让我印象深刻的事情？ 2）在沟通中，我遇到的主要挑战是什么？ 3）我的专业能力和沟通技巧在哪些方面起了作用？哪些方面没有起作用？
第三步，总结从中学到的东西 （What have we learned）	**首先，借助以下的关键问题来总结从中学到的东西：** 1）我从沟通过程中学到了什么？ 2）哪些专业能力和沟通技巧是有效的并且我可以继续使用？ 3）哪些专业能力和沟通技巧需要改进？具体怎么改进？ **其次，总结和记录学到的东西：** 总结成 PPT、文档或者公号文章等形式，便于后续使用以及分享。

积累好感资源，也就是打造个人品牌，可以有以下两种方法：

1）做出对组织有价值的“第一项目”。“第一项目”是指在某个方面实现了零的突破的项目。成为“第一”会大大提升你的个人品牌，因为人们往往只对“第一”印象深刻。比如我问你：“世界第一高峰是哪一座？第一个登上月球的宇航员是谁？”你肯定能马上告诉我是珠穆朗玛峰和阿姆斯特朗，但是如果我问你：“世界第二高峰是哪一座？第二个登上月球的宇航员是谁？”估计很多人就不知道了。所以，你要通过协作在组织中做成一些“第一项目”。

但是做“第一项目”对于组织来说要有足够的价值，大家才会认可你对组织的贡献，才能提升你的个人品牌，否则，就是在浪费个人精力和组织资源。在上面的案例中，这位销售经理就成功推动了一个“第一项目”，开发出了之前没有的行业新功能，该功能不仅帮公司拓展了更多客户，而且其独有的竞争优势增强了公司的项目竞标竞争力。

2）分享成功经验。关键在于运用恰当的方式，既要主动又不能过于高调。主动是指你有积极的分享意愿，但是如果太高调，则会引发大家的反感，炫耀大于分享。在上面案例中，销售经理的方式值得借鉴。他一开始把两份总结PPT发给自己的上级，这种方式更加合乎情理，这是一项工作完成后下属应该做的事情。试想，如果他将PPT直接群发给公司内其他销售，同事们多半会认为他是在炫耀自己的功绩，这样的分享方式效果会怎样也可想而知了。

通过“兑现承诺”“跟踪进展”和“巩固积累”这三大技巧，我们不但圆满地实现了想要的协作结果，而且也积累和巩固了影响力资源，让这次协作的成功带来未来更多协作的成功。

CODE OF INFLUENCE

影响力密码

PART THREE

第三部分

一对多协作场景：策略型影响力

CHAPTER SIX

第六章

策略型影响力：推动众人配合你工作的四个步骤

在组织中，想要得到更好的发展机会，只有两条路可选：要么能带团队，要么成为资深专家。但是不管走哪条路，我们都必须有能力处理好“一对多跨部门协作场景”。

知识卡片

推动跨部门项目失败的四大原因

1. 目标设定出了问题
2. 没有找到发挥影响力的关键点
3. 阻力分析不全面
4. 影响力策略太单一

策略型影响力模型

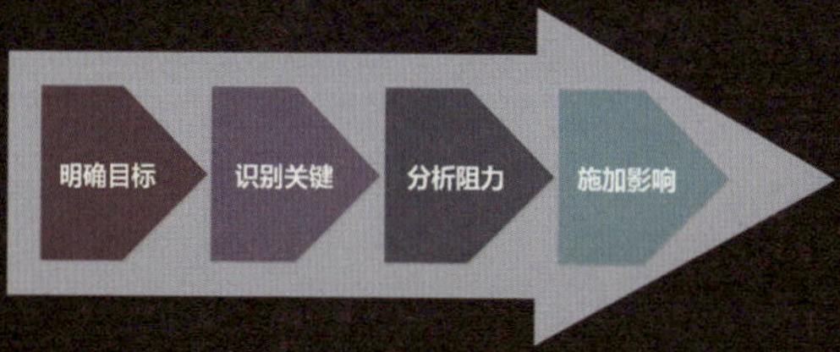

在工作中，你有没有遇到以下的情况：

——你在人力资源部负责绩效方面的工作，公司高层决定采用新的绩效管理制度，由你牵头来推动各个部门执行。虽然公司领导三令五申此次绩效管理改革的重要性，可是各部门仍然进展缓慢，令你头疼不已。

——你是公司IT部门的负责人，公司刚刚上马了一套先进的IT业务系统，由你负责推动各个部门尽快把这套新系统用起来。但是大家都说系统难用，有的甚至说根本没用，对于大家的抗拒你已经束手无策。

——公司高层决定缩减各部门的预算，作为财务部的负责人，你需要让每个部门都压缩各自的预算，所有部门都很抵触。各部门的负责人都纷纷表示：现在各方面成本都在不停上涨，维持和去年一样的预算就不错了，还要再降，怎么可能？如果推进不下去，你对公司高层实在没法交代。

——你在厂里负责生产安全方面的工作，去年公司发生了好几起安全事故，今年公司要求厂里所有人都要更严格地执行安全生产制度。这是你的本职工作，但在其他部门看来，你除了给各部门挑毛病和罚钱之外，好像没干过什么好事。让大家执行老生常谈的安全生产规定比登天还难。

——你是某公司的总经理，公司原有的业务受经济形势的影响而大幅下滑，你需要带领全公司进行转型。你已经动之以情、晓之以理地在大会小会上说了好多次，本来以为大家都会积极参与业务转型，结果却发现大家还是对轻车熟路的老业务念念不忘，转型进展非常缓慢。你心急如焚，再这么下去很可能会错过最佳的转型时机。

以上这些工作场景，估计你不会陌生，可能有些工作就是你负责推动的，有些则是你参与其中的。这些场景的共同之处在于：需要去影响和推动所在组织中的很多人或多个部门来协作完成一项任务或者实现一个目标，我们把这种场景称为“一对多跨部门协作场景”。

想要获得好的职业发展机会，这种场景绕不开。在组织中，想要得到更好的发展机会，只有两条路可选：要么能带团队，要么成为资深专家。但是不管走哪条路，我们都必须有能力处理好这种“一对多跨部门协作场景”。如果是带团队，你肯定需要和其他部门协作，才能推动你所辖部门的很多工作顺利开展。作为资深专家，公司为了让你发挥更大的价值，一定会请你负责牵头一些重要项目。这些项目大都会涉及多部门的协作，如果你没有能力处理好这种场景，公司肯定会把这些发展机会给别人。所以，想发展就必须面对这类场景，根本绕不开。

这种场景是让我们能力蒸蒸日上的绝佳机会。处理好这种场景对能力的要求很高，因为我们不再只是影响某一个人，而是要影响很多部门很多人，我们必须倒逼自己提升能力，掌握更为高效的影响力方法，能够以一己之力影响和推动很多人去做事情，才能应对挑战。因此，一旦我们抓住这个机会，掌握了处理这种场景的影响力方法和思路，就会让自己的能力上一个大台阶。

这种工作场景对于组织的价值和意义重大。比如：大幅提升效率、降低成本、减少生产事故带来的人员伤亡等。以通过推动各个部门使用 IT 系统来提升效率为例，全球顶尖的经济类期刊《经济学人》在 2014 年的一项全球调查结果显示：50% 以上的受访企业都是依赖 IT 系统来提高运营效率的。

虽然以上的原因表明了“一对多跨部门协作场景”的重要性，但是大多数人无法处理好这种场景。还是以推动各部门配合实施IT项目为例，美国专门从事IT项目跟踪分析的权威机构Standish Group从1994年起，每年在研究至少5万个IT项目之后，都会发布一份称为CHAOS Report的年度报告。在2015年的CHAOS Report中：2011—2015这5年中，由于无法推动各部门高效协作，使得IT项目的实施成功率仅为30%，失败的IT项目带来的直接损失超过1000亿美元。

为什么人们处理不好这种场景？

原因1：目标设定出了问题。尤其是容易在以下两个方面出问题：

1）目标不够明确和具体。目标不具体会导致无法细化分解，大家就不知道具体该做什么，无法就目标形成统一的认识。比如某公司管理层提出了“增强员工幸福感”的目标，有的员工认为给员工提高薪资待遇就增加了幸福感，有的则认为减少员工的工作量才能提升幸福感。本来目标的作用是为了统一大家的认识，让大家朝同一个方向走，但工作量降低必然会影响薪资待遇，这样一个抽象的目标，反而让大家有了不同的理解，导致大家按照自己的理解朝相反的方向使劲儿。

2）目标激发不起大家参与的动力。如果无法让大家通过目标感受到做这件事情的价值和意义，那么大家自然也不会积极地参与协作。在前文中，我提到西蒙·斯涅克的畅销书《从“为什么”开始》，讲的就是如果我们希望影响他人，需要从回答“为什么”这个问题开始，找到打动对方的理由，才能更好地影响对方。制定目标的一个重要作用就是要回答“为什么”这个问题，回答得好才能激发大家参与的意愿。

原因 2：没有找到发挥影响力的关键点。“二八法则”[16] 可以帮助我们更好地理解什么是关键点。结果、产出或回报的 80% 往往取决于 20% 的原因、投入或努力。只有找到那些能起到很大影响效果的少数关键点，才能事半功倍。在找关键点的过程中，我们要特别注意以下两个问题：

1）不能“撒胡椒面儿”。我们手上的影响力资源总是有限的，但是需要用到这些资源的地方却非常多。如果找不到影响大家的关键点，我们就会觉得各方面都很重要，很容易把有限的资源分散到很多方面，“撒胡椒面儿”带来的结果就是有限的影响力资源被耗尽，但是效果却没达到，费力不讨好。

2）不能让大家“疲于应付”。在组织中影响和推动大家去做一项新任务时，别忘了大家手上本来就有很多日常工作需要做。如果你要求人们做的事情非常多，大家会因不堪重负而不愿做，也会因精力不够而无法做。应找到少数几件关键工作让大家配合你做，这样会降低对方的抵触情绪，而且他们的精力也顾得过来。

原因 3：阻力分析不全面。当面对多个影响对象时，每个人的关注点不尽相同，我们因此会遇到各种各样的阻力。在分析阻力时，要特别注意以下两个方面的错误：

1）忽略了人与人之间相互影响带来的阻力。在一个组织中，人与人之间互相的影响总是不易察觉，因而容易被忽略。我朋友讲过一件发生在他们公司的事情，新上任的总经理推出了一项年度重要举措：大幅削减成

---

16 由意大利经济学家兼社会学家维弗雷多·帕累托提出，又称“帕累托法则”。

本。虽然总经理多次召开会议来强调其重要性，但是大家都只是做些表面文章来敷衍了事，根本没有实质性进展。为何大家对“新官上任三把火”都表现漠然？我朋友跟我吐槽：“这个总经理上任没多久，行政部门就花了一笔钱给他装修了一间奢华的办公室，大家都觉得这是‘只许官家放火，不许百姓点灯’。”可见，大家之所以不配合，很大一部分是因为总经理自己给大家的负面影响。

2）容易忽略客观条件形成的阻力。某公司推动一项需跨部门协作的项目，虽然一开始各个部门的参与意愿都很高，但是项目却因为部门间协作效率不高而进展缓慢。原来，这家公司的各个部门分散在各地，公司总部在北京，生产基地在昆山，原材料采购在深圳，营销中心在上海，几个主要需要协作的部门都不在一块儿。更糟糕的是，公司对于 IT 远程协作系统利用得并不充分。本来部门就分散，无法经常当面沟通，又没有一套把大家关联起来的有效远程协作系统，这些客观的阻力摆在面前，影响了协作效率，耽误了项目推进。

原因 4：影响力策略单一。我在给各大企业授课的过程中，很多学员都说影响其他部门最有效的方式就是用 KPI（Key Performance Indicator，关键绩效指标）来考核，这其实是一个很大的误区，只使用单一的影响力策略往往并不能解决问题。一位在美资世界 500 强 IT 厂商工作的销售高管跟我分享过一个案例，这家美资公司曾在中国区推动销售们卖一款技术含量更高的新产品（简称 N），并且制定了对应的 KPI 考核指标。虽然有了 KPI，但是新产品 N 的销量在很长时间内并没有明显改观。

原来，虽然新产品 N 技术含量高是未来趋势，但是这种产品对销售人员的能力要求和现有产品是不同的。对于现有的产品，不管是客户还是销售，大家都很熟悉，不需要解释太多，销售们靠做客户关系就能搞定订单。换句话说，做客户关系的能力是卖现有产品的核心能力。但是新产品不一样，客户对新产品能用于哪些工作场景，给业务带来哪些价值并不清楚，这就需要销售们有顾问能力，也就是要能够针对客户的实际业务提供新产品的应用解决方案，让客户看到新产品对业务的价值，客户才会购买。可见卖新产品需要销售具备的核心能力是顾问能力，即快速理解客户业务并提供解决方案的能力。因为销售们卖新产品的核心能力并没有提升，所以即便使用了 KPI 来考核销售，也没有起到提高新产品销量的效果。

从上述原因来看，“一对多跨部门协作场景”的确是影响力的“修罗场”，我将针对“一对多跨部门协作场景”的影响力方法称为**“策略型影响力”**，这就是我们在战场上必须配备的武器。

让我们通过一个真实案例来看看该怎样发挥策略型影响力来推动大家积极参与并达到效果：

唐纳德·博维克医生在美国管理着一家非营利性的医疗卫生公益机构——医疗卫生改进协会（Institute for Healthcare Improvement，简称“IHI”）。IHI 致力于帮助美国医院提升诊疗水平，降低病人死亡率。为此，博维克医生带领团队采用创新的研究方法，引入了病人在医院诊疗护理过程中的“缺陷率”概念，这一概念的灵感来自工业生产领域提高产品质量的思路，比如制造型企业要在一条生产线上不断改良技术，让生产线上生产的残次品数量控制在一定范围之内。同样的道理，病人到医院看病就相当于进入了诊疗护理的生产线，诊疗护理之后病情恶化（甚至死亡）的病人数量越多，就说明这家医院的缺陷率越高。

美国各大医院的缺陷率平均高达10%，比如至少10%的住院病人没能在指定时间内服药等。这么高的医疗缺陷率意味着每年都有数十万患者在医院接受诊疗护理的过程中白白送命，这让博维克医生非常痛心。他认为降低医院的缺陷率也可以借鉴工业生产的方法，比如，丰田汽车的缺陷率就很低，因为丰田让工人们在生产过程中执行严格的标准操作步骤。这种思路完全可以被医院学习和运用，比如，在给病人进行器官移植的过程中，医院就可以要求医生按照严格的操作要求来进行手术，从而降低移植风险。在博维克的带领下，IHI团队通过对医院进行实际调研等多种手段，找到了一系列降低医院缺陷率的方法。

在找到了降低医院缺陷率的方法之后，博维克下定决心要影响美国的众多医院，一起来拯救更多患者的生命！2004年12月14日，博维克参加了一场医疗行业会议，与会者众多，而且都是全美各大医院的管理人员。在会议上博维克医生做了一次震撼人心的演讲，宣布了一项面向全美各家医院的活动——通过规范操作来拯救更多病人的生命，并且设定了非常明确的目标：从当天起，利用18个月拯救10万名患者的生命，活动的截止时间是2006年6月14日。

在公布了明确的活动目标之后，IHI并没有把太多让人眼花缭乱的复杂方法介绍给与会者，而是推出了一项只有6项具体措施的拯救患者生命的简易方案。例如，要求医院在给病人使用呼吸机时，医护人员必须把病人的头部抬高30~45度以防止口腔中含有细菌或病毒的分泌物进入气管，这样就可以大大降低病人感染肺炎的概率。

为了让与会者们更加认同和重视这次活动，博维克特地邀请了一位因医疗事故失去女儿的母亲在会议上发言。这位母亲流着眼泪说：“如果这项活动能够在几年前发起就更好了，这样我的女儿可能就不会离开人世。”而且这位母亲表示自己也会成为这项活动的一分子，竭尽所能去帮助更多父母，让他们不用体验失去孩子的痛苦。这位母亲感人的发言让现场的每一个人为之动容，很多人流下了眼泪。

虽然有了具体的目标、简明易做的方案以及感人的患者心声，但是与会者还是顾虑重重。因为大家都不愿意承认自己的医院缺陷率高，此外，医院还将会面临被那些已故患者的家属诉讼的法律风险。博维克也是医生出身，他很了解大家的顾虑。因此，IHI 采取了很巧妙的方法来化解大家的顾虑，让大家卸下心理负担来参与项目。首先，请与会者代表北卡罗来纳州州立医院协会的主席发言，这位主席没有回避问题，而是强调大家不能再用视而不见的心态来忽略这项重要工作。发言捅破了大家心照不宣的窗户纸，鼓励医院管理者们正视问题。其次，IHI 只需要医院的管理层填一份没有法律风险的活动意向报名表就能参与进来，打消了大家的顾虑。

这些影响力策略开始发挥作用，各大医院纷纷报名加入，短短几个月就有超过 1000 家医院参与进来。

各大医院报名参与这项活动，还只是万里长征第一步，帮助医院真正落实并执行这个包含 6 项具体措施的改进方案，才是下一步的重点工作。医院需要放弃一些已经用了几十年的流程和规定，很多从医时间长的医生已经形成了固有的习惯而抵触改进方案。面对这些阻力，IHI 采用了多种影响力策略：

首先，对于愿意积极参与的医院先集中力量给予支持，帮助他们尽快做出成效。IHI 集中有限的人手先给这些医院提供清晰的操作指引、现场和远程的培训课程以及电话求助热线的支持，并定期组织各家医院之间相互分享经验。这些医院积极性本来就高，再加上 IHI 的贴身服务和手把手指导，很快就有了显著的成效。

其次，利用这些医院的成效来吸引更多医院加入。有很多医院和医生其实都在观望，他们对这种方式是否能起到作用持怀疑态度。他们的想法是“不见兔子不撒鹰”，只有看见实实在在的成果摆在面前才能打消怀疑。当越来越多的成果呈现出来之后，大家的疑虑被打消，越来越多的医院加入进来。

最后，让先参与的医院帮助后参与的医院，让他们互相学习，共同进步。对于后参与进来的医院，IHI 也会给予支持和帮助，但是毕竟涉及几千家医院，IHI 只有 75 名员工，确实兼顾不过来。这时，已经有不少医院做得非常好了，IHI 就让这些医院给后加入的医院做老师，让他们结对子。先参与的医院很乐意这么做，因为这样做扩大了自己的医院和医生的知名度，而且后加入的医院也认为这是医院和医生们之间相互交流学习的好机会。

通过这些影响力策略让整个活动形成了积极的良性循环。18 个月后，博维克医生在 2006 年 6 月 14 日早上 9 点，宣布这次活动的结果：经统计，参与这项活动的医院至少拯救了 122300 条生命，而且数字还在不断增加，大大超过了原来制定的 10 万条生命的目标！这个好消息让所有参与其中的医院和医生振奋不已，激励大家更加重视规范操作而拯救更多的生命！

在面对全美几千家医院的情况下，IHI 只有区区 75 名员工，而且还是一个没有行政指令权力的医疗公益机构，博维克是如何对这么多家医院发挥影响力，完成了 18 个月拯救 10 万条生命这个看似无法完成的任务呢？

第一，制定了正确的目标。

“18 个月拯救 10 万条生命”这个目标具备两个特点：

1）目标非常明确具体。一方面具体的拯救数量容易让所有参与者看到目标的进展，比如：昨天是 53000 条，今天有进展，是 54210 条。数字的不断增加会给大家带来更大的信心。另一方面具体的时间要求让参与者有时间的紧迫感，会提高这件事情在大家心中的优先级。

2）目标本身很有意义，容易激发大家参与的意愿。“拯救生命”这四个字本身就非常有意义，更何况参与者都是以此为天职的医院和医生。

第二，抓住了推动活动的关键点。

首先，以博维克医生为首的 IHI，抓住了关键点来影响大家。为了影响更多的医院，他们抓住了一次可以扩大影响范围的**关键会议**：2004 年 12 月 14 日的医疗行业会议。因为这次会议的与会者都是全美众多医院的管理人员，他们本身就有是否参与这项活动的决定权。在这次会议上，博维克医生抓住了两个**关键人物**：那位因医疗事故失去女儿的母亲和北卡罗来纳州州立医院协会主席。那位母亲从患者的角度来影响医院的管理层，而北卡罗来纳州州立医院协会主席则作为同行来影响大家。

其次，作为参与者，各家医院只需要做几件**关键措施**就行。想参与这项活动，医院只需要填一份没有法律风险的活动意向报名表就行。在医院推进这项活动时，医生不需要做很多事情，只需要执行一个只有 6 项具体措施的改进方案就行，平均到医院每个科室还不到一项，并没有给医生们增加很多工作量。

第三，全面地分析了阻力。

IHI 推动这项活动是有备而来的，他们全面地分析了各个方面的阻力，比如：很多医院管理者对于参与活动带来法律风险的顾虑，观望并迟迟不愿加入的医院的怀疑态度，医院现有流程的改变难度，医生固有习惯等众多方面的阻力。

第四，运用丰富的影响力策略来施加影响。

在全面分析了阻力之后，IHI 采用了丰富多样的影响力策略，比如：丧女母亲的动之以情，协会主席的晓之以理，给医生提供清晰的操作指引和培训，先扶持配合度高的医院做出成效，再用这些成效去影响更多医院，然后让先加入的医院去帮助后加入的医院等。

博维克医生带领 IHI 从以上四个方面环环相扣、步步发力，成功地影响了几千家医院共同朝着一个目标努力，并且超额完成了目标。因此，如果我们学习和掌握了这套方法，也可以影响很多人。这也是策略型影响力的核心模型（见图 6–1）：

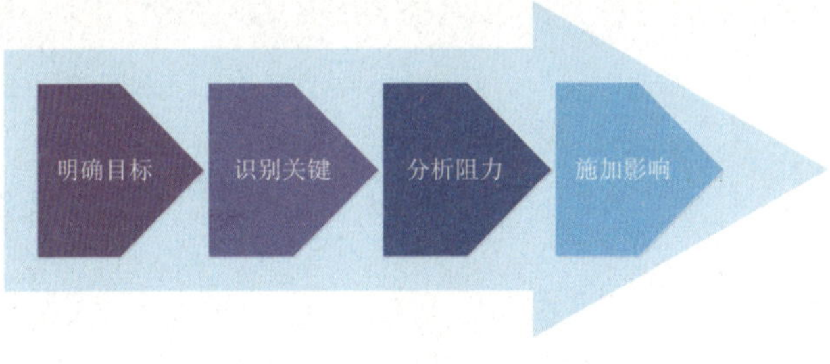

图 6–1：策略型影响力模型

第一步，明确目标，激发人心。为了更好地影响大家，我们要在开始时就制定出清晰、正确的目标，后面的章节会重点讲如何从四个方面制定一个能激发大家积极参与的目标。

第二步，识别关键，事半功倍。为了起到事半功倍的影响效果，我们要识别并抓住关键点来发挥影响力。主要聚焦于三大关键点——关键环节、关键人和关键行动。比如：具备哪些特点的环节才是关键环节，应该抓住哪四类关键人来发挥影响力，找出关键行动的三大步骤等。

第三步，分析阻力，有备而来。由于我们需要影响的人或部门比较多，我们需要全面分析可能的阻力有哪些，后面的章节我们会重点讲解如何从四大因素方面来全面分析阻力。

第四步，施加影响，多管齐下。针对不同的阻力，制定对应的影响力策略，利用这些策略来施加影响，帮助我们达成目标。后面的章节我们会重点讲解如何从四大因素方面来全面施加影响的各种影响力策略，这些策略运用了心理学、社会心理学、环境设计等多种学科的原理和方法。

掌握了这个模型，你也可以大大提升自己的策略型影响力，得到更好的职业发展机会，同时为组织带来更大的价值。在后面的章节，我们将重点讲解如何做好策略型影响力中每个步骤的工具和方法。

CHAPTER SEVEN

第七章

明确目标：运用『四大原则』，目标更有影响力！

在影响很多人或部门一起来完成一件事时，制定一个有价值、有意义的目标是必需的，因为大家会认同其中的价值和意义而积极行动起来！

知识卡片

“

明确目标的四大原则

原则1：要聚焦，设定一个共同目标。

原则2：要具体，有明确的量化要求。

原则3：有期限，明确完成的截止时间。

原则4：有意义，能激发大家积极参与进来。

”

在发挥影响力推动很多人或部门共同完成一项任务之前，我们首先要对目标足够重视，利用以下的四个原则来下足功夫制定目标：

原则 1：要聚焦，设定一个共同目标。

脑科学方面的研究有力地证明了这一点。厄尔·米勒是麻省理工学院的脑神经学教授，他的研究显示：人类大脑的并行计算能力很有限，大脑无法同时专注于两件事情，两件事会争夺大脑重要部位的计算能力，这个重要部位就是前额叶皮层。虽然和动物相比，我们的前额叶皮层的计算能力堪称强大，但是它的并行处理能力不足。当两件事情都想获得前额叶皮层的更多关注时，就会导致大脑的计算能力大大下降。

乔丹·拉格弗曼是美国国家神经失调研究中心的研究员，他在研究中发现：当人们采用多任务并行的工作模式时，大脑的深入思考和创新能力就会大大降低。我们同时处理的事情越多，就越难专注，深入思考和推理的能力就越差。斯坦福大学的心理学家克里夫·纳斯的研究也给拉格弗曼的结论提供了有力的支持，纳斯在多任务处理的实验中发现：大脑的神经回路需要不断对不同的任务进行唤起，才能保持处理多任务的能力。但是，这样会大大削弱人们深入阅读和思考的持续专注能力。

商业高管教练们多年的实践也为这一点提供了有力的支持。艾伦·范恩是全球知名的高管教练，他的 GROW 模型是目前商业教练领域使用最广泛的教练模型，我有幸成为他的畅销书《潜力量：GROW 教练模型

帮你激发潜能》的译者。书中，范恩提出了提升人们表现的核心理念：P=C−I

表现（Performance）= 能力（Capacity）—干扰（Interference）

把这个公式翻译一下：**提升人们表现的关键在于消除干扰。**

在书中，范恩列举了一个他亲历的案例，他曾经给一个 9 岁的小女孩做网球教练。刚开始的 6 周，范恩教了小女孩很多技术要领，比如："用手挥动你的球拍""当球下落时击球""打球的背面"等。结果小女孩最好的成绩也只是连续 5 次把球成功打过网。范恩发现技术要领太多反而干扰了小女孩的发挥。范恩决定改变方法，他告诉小女孩，不要把注意力放在各种技巧上，只专注做两件事：一是在球触底反弹时，说"弹"；二是当球碰到球拍时，说"打"。就这么简单，其他的不用担心。小女孩按照这种简化方法练习时，第一次就连续 53 次成功击球过网，这让范恩备受鼓舞。后来，范恩把这种消除干扰的理念用在 GROW 教练模型中，帮助很多企业实现了业绩的大幅增长。

范恩认为消除干扰的关键在于"创造专注"，让人们专注于对他们最重要的目标上，这正是我们倡导的"聚焦于一个共同目标"。

原则 2：要具体，有明确的量化要求。

1989 年，随着石油行业的竞争加剧，英国石油公司的高层决定将勘探成本从每桶 5 美元降到每桶 1 美元，实现这一财务指标的关键在于大幅减少枯井的数量。油田勘探员是减少枯井数量的关键群体，在此之前，只要目标勘探地区的出油率不低于10%，勘探员们就可以自主决定是否在该地区开挖油井。但是公司高层在分析了过去10年来所钻油井的数据之后发现：当勘探员评估一口油井的出油率超过75%时，几乎弹无虚发；当这一数字为10%时，实际成功率却只有1%，基本上都是在花巨资挖枯井。于是，时任勘探部门主管的伊恩·范恩给油田勘探员们设置了非常具体量化的目标——零枯井！

这个目标倒逼勘探员们不断提升自己的专业勘探能力：勘探员们利用每一项地质条件的测量结果分别来绘制勘探区域的地图，并用不同的颜色标记，绿色代表可能有油田，褐色代表此处的信息不足，红色代表没有油田。然后，他们再把不同测量指标标注后的地图都重叠起来，只有这个区域的所有指标都是绿色时，才是他们要开挖油井的区域。

因为有了具体量化的目标，到2000年，英国石油公司成功地大幅降低了勘探成本，并且把勘探命中率提升了近3倍！

具体量化的目标还有很多好处：

1）帮助大家对目标形成清晰统一的认识。如果没有对目标清晰统一的认识，大家就很有可能朝不同的方向使劲儿，这样会导致精力和资源的浪费。

2）容易进行衡量和考核。量化的目标更加客观，是否实现很容易衡量和考核，有利于督促大家做出实质性的努力，而不是表面文章。

3）容易进行分解，更易于执行。总目标量化了，才更容易向下分解到各个部门和个人，而且分解之后的子目标也是具体的，大家才更容易有针对性地去执行。

原则 3：有期限，明确完成的截止时间。

罗恩 · 马歇尔是美国第二大图书商博德斯集团（Borders Group）的CEO，他对于“做事情一定要设定时间期限”的原则有着深刻的认识。很多年前，他想在纽约安家，就请一位房地产经纪人帮忙寻找合适的房子。后来这位房地产经纪人给他推荐了一幢很有升值空间的老房子，马歇尔爽快地买下了这幢房子。在完成了房屋交易之后，房地产经纪人提醒他：“这幢房子需要彻底大修，你得把所有需要修的东西列个清单，而且要在6个月之内把一切修完。记住！一定要在6个月之内搞定！”

马歇尔说：“不用担心，我是个很自律的人，可以利用未来5年时间慢慢把房子修好。”可是房地产经纪人的回答让他至今难忘：“不，你不会的。因为6个月之后，你就会习惯现在的状况。你会觉得一切都挺好，就算客厅里有具尸体，你也会若无其事地跨过去！”结果真的被这位房地产经纪人说中，6个月内没有修理的东西，在5年之后马歇尔卖掉这幢房子的时候仍然没修。

这件事情给了马歇尔很大的触动，后来他在推动博德斯集团进行变革时，再没有犯过同样的错误。他发现没有时间期限会导致大家行动迟缓，容易让人们形成惰性，迟迟无法实现想要的结果。所以，他的建议是：一定要制定明确的时间期限，然后快速行动。

明确时间期限还有很多好处：

1）**提高大家的紧迫感。**在前文中，我们提到过心理学上的“最后通牒效应”，如果我们没有明确时间期限，大家就没有紧迫感，往往会能拖就拖。

2）**更好地匹配资源。**有了时间期限，我们就可以根据时间来更好地配置资源了。如果时间特别紧张，我们可以安排更多的人力物力；如果时间相对充裕，我们可以节省一些资源。所以，时间期限是我们配置资源的重要考量维度。

3）**便于各部门的协作。**有了明确的时间期限，我们就可以进行倒推来设置过程中的阶段性时间节点，这样各个部门就可以保持统一步调，更好地协作，完成目标。

原则 4：有意义，能激发大家积极参与进来。

根据美国癌症学会的统计数据显示：2006 到 2015 这 10 年间，美国乳腺癌发病率每年都在增加。乳腺癌不仅是美国女性最常见的癌症，占所有新诊断癌症的 30%，而且也是导致美国女性死亡人数第二多的癌症。更让人痛心的是，乳腺癌确诊和治疗难度在各类癌症中都属于难度较低的，很多医生都认为早期乳腺癌是“最容易治愈的癌症”，但是很多患者却因为漫长的诊断流程而错失最佳治疗时机。

当时美国大部分医院都是科室之间各自为政，让病人以科室制定的诊疗流程为准：

女性通常会在无意间发现自己的乳房有肿块，然后心情焦急地给医院打电话预约数天后的就诊时间。到了就诊时间，医生需要患者先去放射科做乳房 X 光检查，检查结果要等上几天才能出来，之后再来医院继续问诊，这时医生才真正能做出初步的诊断。如果 X 光片上出现了可疑的阴影，患者不得不再次预约就诊时间和医生面谈，需要再等上好几天，到了就诊时间，医生要做的事情很简单，就是从患者身上取下活体组织做成切片，然后把切片送到病理科进一步检查，分析肿块是否有癌细胞，而焦急的患者只能回家继续等电话通知。到了这一步，整个诊疗过程差不多已经花了 2 周时间，而且患者至少要来 3~4 次医院，中间还要在焦虑和煎熬中度过等待时间。

与烦琐的确诊过程相比，乳房肿块在女性中又比较常见，大部分患者在大费周章之后得到的确诊仅仅是良性的乳腺结节或是 3~6 个月随诊（也就是说上述流程每隔 3~6 个月就要来一轮）。所以为了避免烦琐，一些潜在患者在这个阶段会选择不去或少去医院，直到将病情拖入中晚期，错失最佳的治疗机会。

加州大学旧金山分校的一位乳腺癌外科医生劳拉·埃瑟曼对如此复杂冗长的诊疗过程深恶痛绝。她希望能够开设一家以服务患者为中心的门诊，患者上午来就诊，当天就可以拿到诊断结果，让患者知道乳房肿块是良性还是恶性。如果是恶性，患者也能当天就了解到后续的治疗计划是什么。可是作为一名普通的外科医生，她能做的事情十分有限，因为，当时全美国没有一家医院设有这样的门诊，根本就没有这样的先例。

埃瑟曼尝试说服她所在的医院开设这样的门诊，并和相关的科室一一沟通，向他们讲述乳腺癌患者本可以避免的痛苦就诊经历和被延误的治疗窗口期，逐渐打动了一些医生和护士，他们开始主动为她提供必要的协助。医院终于同意埃瑟曼每周可以开通一次乳腺癌专科门诊，每次 4 小时。短短 4 小时的门诊时间却吸引了大量女性前来就诊，毕竟只要去一次医院就可以知道自己乳房的肿块到底是什么，这对于急于确诊的患者来说太重要了。在看到很多患者因此受益之后，越来越多的医生、护士和后勤人员感受到了乳房护理中心的价值和意义，主动加入进来。因此，乳房护理中心的接诊量也越来越大，埃瑟曼从第二年开始一周接诊 2 天。最后，加州大学旧金山分校在新落成的癌症中心干脆将一整层楼都给了埃瑟曼作为乳房护理中心。有了足够的医疗空间之后，她把诊疗所需的放射科和病理科等科室都安排在了一起，最终实现了自己的目标！

现在患者在护理中心的就诊过程是这样的：病人来就诊，医生当天就可以在同一楼层给患者看 X 光片；如果病人需要做切片检查，5 分钟后就可以拿到检查结果。慕名而来的患者越来越多，护理中心每个月的接诊人数已达几千人，在全美享有盛名。现在，她创建并领导的乳房护理中心已经是全美公认的乳腺癌护理与研究领域的领军机构。

当回顾乳房护理中心的发展过程时，我们不难发现：埃瑟曼创办乳房护理中心背后的意义对其他医生、护士以及后勤人员起到了很大的感召作用。埃瑟曼给我们的启发是，在影响很多人或部门一起来完成一件事时，制定一个有价值、有意义的目标是必需的，因为大家会认同其中的价值和意义而积极行动起来！

综上所述，为了更好地影响大家参与进来，我们在制定目标时要符合四条原则：

原则 1：要聚焦，设定一个共同目标。

原则 2：要具体，有明确的量化要求。

原则 3：有期限，明确完成的截止时间。

原则 4：有意义，能激发大家积极参与进来。

美国总统肯尼迪就曾利用这四条原则制定了一个让美国反超苏联的目标：

从 20 世纪 50 年代开始，苏联在与美国的太空竞赛上一直领先：1957 年 10 月 4 日先于美国发射了全球第一颗人造地球卫星。为了追赶苏联的脚步，NASA 于 1958 年成立。NASA 成立之初，管理层认为百废待兴，需要做的事情很多，因此定下了八个重要目标：

中文翻译	英文原版
(1) 拓展人类对于大气层以及太空中各种现象的认识；	(1) The expansion of human knowledge of phenomena in the atmosphere and space;
(2) 提升宇航以及太空飞行工具的性能、速度、安全等指标；	(2) The improvement of the usefulness, performance, speed, safety and efficiency of aeronautical and space vehicles;

(3) 研制和运行能够运载仪器、设备、物资和生物的运载工具;	(3) The development and operation of vehicles capable of carrying instruments, equipment, supplies and living organisms through space;
(4) 基于和平以及科学目的，开展对宇航以及太空活动的机会、问题以及潜在收益的长期研究；	(4) The establishment of long-range studies of the potential benefits to be gained from, the opportunities for, and the problems involved in the utilization of aeronautical and space activities for peaceful and scientific purposes;
(5) 在宇航、空间技术以及太空利用方面，保持美国的领导地位；	(5) The preservation of the role of the United States as a leader in aeronautical and space science and technology and in the application thereof to the conduct of peaceful activities within and outside the atmosphere;
(6) 建立信息交流机制，对于具有军事价值的发现可以直接与国防部门进行交流，对于有重要意义的非军事信息可以与掌管非军事航空和空间活动的民间机构进行分享交流；	(6) The making available to agencies directly concerned with national defenses of discoveries that have military value or significance, and the furnishing by such agencies, to the civilian agency established to direct and control nonmilitary aeronautical and space activities of information as to discoveries which have value or significance to that agency;

(7) 对于美国与其他国家或组织在和平利用太空的合作中起到积极的协调作用;	(7) Cooperation by the United States with other nations and groups of nations in work done pursuant to this Act and in the peaceful application of the results;
(8) 高效利用美国的科技以及工程资源，与相关部门保持紧密沟通，避免重复投资和建设。	(8) The most effective utilization of the scientific and engineering resources of the United States, with close cooperation among all interested agencies of the United States in order to avoid unnecessary duplication of effort, facilities and equipment.

虽然这八个目标看着很宏大，但是整个NASA的工作并没有出现突破性的进展。1961年4月12日，苏联把第一位航天员尤里·加加林送入太空，再次证明了自己在太空竞争中的强大实力。反观美国还停留在测试火箭的初级阶段，如果再这么下去，美国必将被苏联远远抛在后面。

转机出现在1961年5月25日，美国总统肯尼迪向全世界宣布了振奋人心的载人登月计划——阿波罗计划。肯尼迪说："美国要在20世纪60年代结束之前，实现成功将人送上月球并安全返回的目标。"这也为NASA找到了自己未来10年最重要的目标。

有了这个聚焦且清晰的目标之后，NASA需要开展的工作就更容易分解了。经过研究，NASA 把实现目标的工作分解为三大关键方面：精确导航、提升动力和生命支持。当时很多方面的技术水平与目标相距甚远，NASA 面临着极大的困难。但是管理层很快发现：科学家们、工程师们以及其他工作人员并没有被困难吓倒，反而斗志昂扬，攻克了一道道技术难关，他们离目标越来越近了。

1969 年 7 月 16 日，40 层楼房高的土星 5 号火箭将载有三名航天员的“阿波罗 11 号”飞船送入近地轨道，经过长途跋涉，“鹰式”登月舱在月球表面成功着陆。7 月 21 日 11 时 56 分，尼尔·阿姆斯特朗第一个走出登月舱，成为登月第一人，并说出了“这是个人的一小步，却是人类的一大步”的名句。至此，NASA 终于帮助美国成为第一个成功登月的国家。而所有这一切都始于 1961 年 5 月 25 日，美国总统肯尼迪为 NASA 定下的目标。这个目标不止引领 NASA，还成功地影响了参与其中的 30 多万人（他们来自 2 万多家企业、200 多所大学和 80 多个科研机构）。

那么，肯尼迪定的一个目标为什么要比 1958 年 NASA 原来的八个目标更好呢？让我们来仔细分析一下：

目标聚焦。让 NASA 这么多员工关注八个目标，就像同时让大家瞄准八个靶子开枪一样，容易迷失重点。聚焦于一个目标就像大家只瞄准一个靶子，容易形成合力，命中率会大大提升。

目标具体。NASA 在 1958 年制定的八个目标，每个目标都很抽象，让大家不知道具体该怎么做才能实现目标。但是肯尼迪的目标则非常具体，就是把宇航员送上月球然后安全返回。越是具体的目标才越好拆解成具体任务，所以 NASA 很快分解出了三大关键方面的工作，最终实现了目标。

期限明确。肯尼迪总统宣布的时间点是“在20世纪60年代结束之前”，意味着最晚是1969年12月31日。有了如此明确的时间期限，加上具体量化的目标，NASA就可以进行倒推来分成不同的阶段，并根据工作量来分配资源了，而且明确的时间期限才能让参与其中的人们有紧迫感，激发出大家的斗志。

有足够意义和价值。从国家层面来看，登月计划可以提升美国航天工业的实力，有力地带动了一系列高新技术的高速发展，后来很多的民用技术都是以登月计划的相关技术为基础研发出来的，从而保证了美国能够依靠科技领先持续保持大国地位，激励了一代美国人的探险与开拓精神。从个人层面来看，作为参与其中的工作人员，能为人类首次登月计划做出贡献，这是多么光荣和有意义的事情。

CHAPTER EIGHT

第八章

识别关键：抓住三大关键点，影响众人事半功倍！

在影响和推动很多人或部门的过程中，我们需要做的工作一定千头万绪，切忌胡子眉毛一把抓，一定要抓住关键点——找到关键人、关键环节和关键行动的方法，这样就能更有效率地扩大自己的影响力。

知识卡片

识别关键

Key Step：关键环节

- ✓ 能够帮助你扩大影响力范围的环节
- ✓ 能起到决定性作用的环节

Key Person：关键人

- ✓ 决策拍板者、正面示范者、反抗领导者、广泛搭桥者

Key Action：关键行动

第一步，找出具有代表性的标杆

第二步，研究标杆，找出关键行动

第三步，把关键行动复制给想影响的更多人

在影响和推动很多人或部门的过程中，我们需要做的工作一定千头万绪，切忌胡子眉毛一把抓，一定要抓住关键点。针对这个问题，我们可以从“影响者”和“被影响者”两个角度来分析：

作为影响者，只有识别并利用好关键点，才能让有限的资源发挥最大的效用。

如果你是一家企业的新任总经理，你们公司的行业排名垫底，面对的都是财大气粗的竞争对手，董事会给你的资金捉襟见肘，你如何发挥影响力带领公司实现逆袭？摆在美国奥克兰运动家棒球队的总经理比利·比恩面前的就是这样一个烂摊子。

想要在美国职业棒球大联盟（通称：美国职棒大联盟）赢球，所有的棒球队都要不断引入好球员。在当时的职棒大联盟里，球探们都用相似的标准来判断球员的好坏，比如：球员有没有什么绝活，他们曾经几次在关键时刻扮演球队的救世主，他们职业生涯记录上有什么最辉煌、最特殊的比赛等。所以，很有可能来自不同球队的球探都会同时看好一个球员，这时球队间就形成了竞争。被看好的球员往往选择出价更高的球队，奥克兰队的球探们可以说是“巧妇难为无米之炊”，同为竞争对手的纽约洋基队用于引进球员的预算竟是奥克兰队的5倍！奥克兰队的球探们在和其他有钱球队竞争同一个球员时，常常由于无法给出高价而失利，球探们因此士气低落。

比恩上任时，为了把有限的资金都用在刀刃上，他开始思考引入球员方面的关键点：到底什么才是“选择好球员的关键标准”？他基于职棒大联盟积累的大量数据运用统计学原理借助计算机进行了详细分析，发现了两个关键标准：一是作为击球手，至少每十个打席要有一次保送；二是作为投球手，平均每场比赛不能送出超过半支全垒打。根据计算，比恩认为如果利用这两个关键标准来引入球员，奥克兰队的胜率就会大大提升！

接下来，比恩就让球探们开始严格地按照这两条关键标准引进球员。由于这两条标准和球探们普遍共识的挑选球员标准很不相同，奥克兰队看重的球员往往并不是其他球队愿意热捧和追逐的明星球员。因此，奥克兰队能以较为低廉的价格引入目标球员。

因为识别并抓住了挑选好球员的关键标准，在经过一段时间的训练和团队融合之后，奥克兰队就表现出了惊人的战斗力，取得了职棒大联盟 20 连胜的战绩，不但成为所在赛区的冠军，而且在冲击总冠军的时候，给纽约洋基队带来了巨大的挑战。他们最终夺得了亚军，这是他们多少年想都不敢想的好成绩！

因此，奥克兰队的球探们信心大振，按照关键标准不断为球队引入性价比很高的优秀球员，在之后长达 10 年的时间里，奥克兰队总能以很低的球员薪资预算（全联盟 30 支球队里排名第 24 位），而且一直保持着前 5 名的优秀战绩！

比恩通过识别并且利用引入好球员的关键标准，让有限的资金发挥了最大的效用，大幅提升了球队的成绩。

作为被影响者，让他们去做少数关键的事情，才能减少大家的抵触情绪并达到最佳效果。

自从 1929—1933 年的经济大萧条时代后，美国人的储蓄率在 2005 年第一次低于零。也就是说，大部分美国家庭处于入不敷出的状态，要靠借贷才能生活。大多数人都不为退休以后的养老生活做打算，这大大增加了美国社会安全体系所面临的风险。为了美国社会长期的安全和稳定，政府通过多项法律来鼓励人们为退休之后的生活进行储蓄，其中最为有名的是享受纳税优惠政策的个人退休账户以及 401(k) 养老保险方案。该方案虽然并不强制员工加入，但是确实能为员工的退休和养老提供切实的保障，可是许多美国人对此并不买账。据统计，这类保险的参保率并不高，符合参加 401(k) 计划的员工中约有 30% 的人没有参加。因此，他们也就很难享受到这些政策所带来的好处。

面对不理想的参保率，专家们经过调查发现了背后的两个原因：

第一，参保过程复杂。这类养老保险计划的默认选项是员工不参加，因此，符合参保资格的员工想参保必须填写一张对他们来说非常复杂的表格，如果不具备专业的财务知识，想搞清楚这张表格并正确填写并不是一件容易的事情。所以，填表就成了一件让人非常痛苦的事情，许多人因此放弃了参保。

第二，投保选项过多。在这类养老保险方案中，很多企业为了给员工更多的养老金增值选择，里面包含了多种可选的基金投资组合，有的企业甚至提供了上百种基金选择。行为科学家希娜·颜佳与同事们一起分析了近 80 万名员工的相关数据，来研究这些计划中可选择的基金数量与参保率之间的关系。他们发现，员工可选择的基金数量越多，他们参保的可能性就越低，退休金计划中每增加 10 只基金选择，参保率就会下滑将近 2%。

很多企业为了让更多员工参保，简化了投保的过程，让员工只做两件简单的事情：

第一，默认参保。当一名员工取得参保资格时，公司会通知该员工，告诉他将会被默认纳入养老保险计划，公司会帮助他处理相关手续，员工会轻松很多，不用再去填写复杂的参保申请表格。如果员工不想参保，他才需要填写一张表格提出退保申请。在美国推行养老金计划的过程中，默认参保已经被证明是一种极为有效地提高参保率的做法。布里吉特·马德里安和丹尼斯·谢伊这两位学者在2001年的一项研究中发现：在此之前，人们在工作3个月后的参保率仅为20%，在随后的36个月内比例逐渐增加到了65%。当采用默认参保的做法之后，新员工参保率很快就上升到90%，并在36个月内增加到98%。

第二，简化选择。在鼓励员工参保方面，公司不再提供过多的基金选项，而是只提供几只基金供员工选择，这样也大大提升了参保率。行为科学家希娜·颜佳的团队发现：当企业的退休金计划中有59只基金可供选择时，员工的参保率只有约60%；当企业的退休金计划中的基金数量减少到只有2支时，员工的参保率大幅提升到75%。

在发挥影响力的过程中，我们让被影响者做的事情越繁杂，给他们带来的负担也就越大。这样不但会引发大家的抵触情绪，还增加了完成的难度。只有让被影响者做少数关键的事情，才能降低他们的抵触情绪，从而达到最佳效果。应该抓住哪些关键点呢？我想从自己亲历的一件事说起：

之前我在某网络安全公司任区域销售总监时，在代理商招募的过程中遇到了瓶颈。

我们的品牌没有很高的知名度，销售团队也非常年轻，大多数销售都是二十出头，几乎没有招募代理商的经验。而我们希望招募IT行业中那些经验老到的代理商，他们往往都在35岁以上，和形形色色的IT厂商销售人员打过交道，不会轻易相信一个不知名的品牌和一群没有经验的毛头小子。

经过慎重的选择，我们决定先扶持一家北京地区做方正电脑的代理商成为重要的合作伙伴。选择这家代理商出于两方面考虑：一方面这家公司有我们看重的两种重要资源，即客户资源和二级代理商资源，他们公司在北京地区代理方正电脑多年，积累了不少优质的客户资源，同时在河北和天津等地区有很多二级代理商从他这里进货；另一方面这家公司的老总很想转型，因为卖电脑已经没有什么技术含量，不但竞争异常白热化，而且利润非常微薄，全靠做大销量然后从方正厂家拿销量奖励的返点来维持生意。但是方正在给代理商返点时还要分次分批发放，再算上返点的时间成本，这种利润微薄的生意模式让他们苦不堪言。所以，这位老总希望能够代理一些更有技术含量且利润高的产品，而这正是我们的优势。我们公司在研发上投入大，产品的技术含量高、概念新、竞品少而且利润高。

由于双方的优势能很好地互补，我们和这家代理商达成了协议并展开合作。首先，帮助他们进行客户分析，从他们现有的客户群中找出适合我们产品的目标客户，列出清单。其次，我们提供销售和工程师等多方面的支持，帮助他们尽快卖出第一台设备，让他们熟悉网络安全产品销售的全流程。在双方共同的努力下，他们很快成功地卖出了第一台设备，而且是我们公司的中高端产品。这个项目让代理商老总尝到了甜头，他用赚到的利润给公司买了一辆奥迪做商务车。通过这个项目，更加坚定了他做我们代理商的信心。

为了扩大影响力招募更多的代理商加盟，我们举办了一个代理商招募大会。我拜托这位方正电脑的代理商老总帮忙做两件事：一是帮忙邀请京津冀地区他认识的代理商来参加大会，相对于我们团队中那些二十出头的毛头小子，这位老总在行业内的威望明显更高，更容易成功邀请其他代理商来参会；二是在大会上做主题发言，分享代理我们产品的心得和经验。他果然不负众望，不但邀请了近 20 家代理商来参加大会，而且在大会上做了非常精彩的主题演讲。

他演讲的题目是《卖一台设备，买一辆奥迪》，这位老总开门见山地提到了代理商老板们最关心的问题——高利润，马上引起了大家的好奇和关注。他先讲了卖电脑的辛酸史，不但需要占用大量资金来囤货，而且利润极低，公司被这种模式绑架而无法自拔；然后，他讲了自己对于业务转型的一些思考，认为代理商转型成功的关键在于代理一些高利润、有技术含量并且更有发展前途的产品；最后，他分享了和我们公司愉快的合作过程，重点讲了是如何卖出一台设备就买了一辆奥迪的。他的演讲很朴实，但是谈到的都是其他代理商最关心的问题，引发了很多代理商老总的共鸣。

在他的分享环节结束时，我们趁热打铁宣布了一项代理商合作政策：代理商不需要一开始就承诺销售额，也不需要打预付款，只需要和我们公司签一份合作协议，我们就会帮助代理商从自己的老客户中筛选出最合适的潜在客户，提供各方面的支持帮助他们做成第一个项目，让大家实实在在地体会到代理我们产品的好处。

引发共鸣的演讲以及很有诚意的代理政策激发了代理商们的合作意愿，参会代理商当天就签署了我们事先准备好的代理协议。

现在回顾整个招募代理商的过程，为了扩大影响力吸引更多的代理商加盟，我们抓住了三个关键方面：

1）关键人：北京的这位方正电脑的代理商老总就是我们的关键人。一方面他们公司代理了我们的产品并且从中受益，是真实的成功案例，另一方面在京津冀地区，他有自己能够积极影响的代理商群体。

2）关键环节：召开代理商大会并且安排这位代理商老总发言就是我们设计的一个关键环节。这个环节的影响效率高，一次发言能够影响众多参会代理商。这个环节的影响效果好，这位老总分享亲身感受，引发了其他代理商的共鸣，很有感染力，成功激发了很多代理商的合作意愿。

3）关键行动：我们给有意向合作的代理商设置的合作条件非常简单，这样能大大降低大家的顾虑。我们只要求想合作的代理商做一件对他们难度小、有收益而且对我们很重要的关键行动——签一份简单的合作协议，列一份适合我们产品的潜在客户名单。这项关键行动的巧妙之处在于让代理商有收益，没损失。如果合作成功，代理商能体会到代理我们产品实实在在的好处——赚到钱，因而会愿意和我们建立更加紧密的合作关系，同时我们作为厂商也能直接增加销售额；如果合作不成，代理商没有打预付款给我们，他们也没有什么损失。

所以，当需要发挥影响力去推动很多人或部门进行协作时，你也可以从这三个关键方面入手，我把这三个方面总结为 SPA 模型：

Key <u>S</u>tep：关键环节

Key <u>P</u>erson：关键人

Key <u>A</u>ction：关键行动

Key Step：关键环节

千禧年过后，微软的发展并不顺利，不但业务一直在走下坡路，而且还错失了争夺智能手机操作系统的最佳时机。在经历了“失去的10年”后，转机出现在2014年，纳德拉成为微软的新任CEO。他仅用了几年时间，就扭转了颓势，使微软迅速在云计算领域站稳脚跟，成为全球第二大供应商，同时在人工智能领域也广泛布局并初见成效，重新刷新了外界对微软的印象。这个昔日霸主再次崛起，2020年5月，微软的市值达到1.34万亿美元，与谷歌、亚马逊和苹果再次比肩。

在纳德拉的《刷新》一书中，他认为微软的重新崛起源于公司企业文化和价值观的改变。

纳德拉上任之初，微软的局面并不乐观：一方面业务老化，员工士气低落，另一方面他是印度裔而且刚刚上任，面对着公司从上到下的质疑眼光。在这种情况下，纳德拉并没有急于直接提升业绩，在他看来，最先需要改变的是微软的文化和价值观。但是该从哪个环节来撬动企业文化和价值观的改变呢？他把每个星期五早上8点微软高级领导团队（Senior Leader Team，简称SLT）的成员们一起出席的会议作为突破口。

SLT例会是由鲍尔默在担任CEO后期时设立的，鲍尔默给SLT例会深深地打上了“挑战文化”的烙印。在会议上，每位高管都得接受挑战并且证明自己是对的。一名参加过鲍尔默主持的例会的高管说“我们得为自己提出的每个议题做好万全的准备，要做到没有任何纰漏，否则在议程中会被批得体无完肤”。纳德拉认为这种挑战文化让大家畏首畏尾，人人自危，提防他人，只从自己的角度和利益考虑问题，大家并没有成为一个真正的团队。

纳德拉是一名美式橄榄球球迷，也是西雅图海鹰队的粉丝。在他成为CEO之前，西雅图海鹰队有一年赢得了美国橄榄球超级杯，海鹰队教练彼得·卡洛在接受采访时，介绍了海鹰队夺冠的成功经验，其中一条就是请心理学家迈克尔·格瓦西斯协助他通过冥想帮助球队提高成绩，这引起了纳德拉的注意。于是，纳德拉上任后不久，就将SLT例会放到了公司园区外举行，并邀请了迈克尔·格瓦西斯来做会议引导师。在会议上，格瓦西斯请在座的各位高管每人分享一段让自己印象深刻的个人经历。大家刚开始都很不适应这种方式，因为这和鲍尔默的方式实在差异太大了！但是在格瓦西斯的引导之下，大家渐渐敞开心扉，开始分享自己的人生经历，这是高管们从未经历过的。他们第一次真正深入了解对面这个已经和自己开过无数次会议的人，有些成员甚至感动落泪，大家开始真正凝心聚力。

轮到纳德拉的时候，他分享了自己对微软新价值观的思考——“微软需要同理心”。他并没有给大家直接灌输这些理念，而是分享了两次与此相关的亲身经历。第一次是入职微软时纳德拉经历的一次印象深刻的面试。当时面试他的是理查德·泰特（泰特后来离开微软，创办了自己的游戏公司），泰特只问了纳德拉一个问题：“如果你看到一个婴儿躺在地上哭，你会怎么做？”“拨打911！”纳德拉答道。接下来泰特说了一句让纳德拉至今难忘的话：“小伙子，你需要更有同理心。如果一个婴儿躺在地上哭，你应该把这个婴儿抱起来。”这是纳德拉第一次认识到同理心的重要性。

第二个亲身经历是关于纳德拉的孩子扎因的，扎因是纳德拉和妻子的第一个孩子，但是因为宫内窒息导致扎因出生时就被诊断为脑瘫，这让夫妻两人非常痛苦。但是也正是因为同理心，他们体会到扎因的痛苦，从而更勇敢地担负起父母的责任，积极地面对这件事。在这次会议上，大家发自内心的分享开始起了积极的作用，“同理心”作为微软新的价值观被接受并传播开来。

纳德拉为什么把例行的高管会议作为改变微软价值观的突破口？首先，通过这次会议可以影响所有重要的高管，范围大、效率高。其次，这些高管们本身都有很大的影响力，可以影响他们所领导的业务团队，如果他们不能接受新的文化和价值观，就意味着整个微软，尤其是中基层很难真正接受新的文化和价值观了。

什么样的环节可以算是关键环节？我们可以重点关注两个方面：

1）能够帮助你扩大影响力范围的环节。比如，有很多重要的被影响者参与的会议往往就是关键环节，借助这个关键环节可以帮助你高效率地扩大影响范围。在前文中，我们提到过美国医疗卫生改进协会的博维克医生就抓住了众多美国医院管理层参加的行业大会这个关键环节，来扩大公益项目的影响力，以及我们组织了有众多代理商参加的代理商大会，这些会议都属于关键环节。

2）能起到决定性作用的环节。为了帮助大家更好地理解，我举个例子来说明。在销售岗位中，有一种岗位叫“大客户销售”。想要和大客户做生意，必须攻克一个具有决定性的关键环节——供应商筛选入围环节。如果销售成功让自己公司的产品入围大客户的供货商清单，才能进行下一步工作，给公司带来销售额。否则，不但没有生意可做，而且会因为这个重大的工作失职，不得不另谋高就。供应商筛选入围环节对于大客户销售来说，就是能起到决定性作用的关键环节。

Key Person：关键人

俗话说“事在人为”，借助关键人的力量才能真正把影响力扩大，我们尤其要重点识别出以下四类关键人（见图 8-1）：

图 8-1：四类关键人

决策拍板者。我们在公司内部需要影响很多人去推动某件事情时，“事出有因、名正言顺”是非常重要的，因为如果这件事情不是对方职责范围内必须要做的，推动起来确实会有难度。决策拍板者就是帮助你获得“名正言顺”授权的关键人，他们往往是公司的中高层。如果决策拍板者支持你，并且通过正式的信息渠道来公布支持你的消息，你下一步再去影响各个部门就会更加顺畅。

我夫人曾经在一家涉密事业单位工作，为了便于管理进出单位的人员，人力资源部要求所有员工上班时间都必须佩戴工牌。由于工牌只有标识作用，并不能用于打卡或者进出大门，大家都觉得可带可不带，并没有特别重视，而且还时常开玩笑称之为“狗牌”。最初人力资源部在上班时间设置了门岗，检查进大门的员工是否佩戴工牌，但是时间一长，负责检查的人和大家都有了惰性，慢慢地就不了了之。但是在保密资质审核中，员工佩戴工牌是一个硬性规定。因此，人力资源部门的负责人向单位的领导班子细致陈述了佩戴工牌的重要性，希望从他们开始能够给大家起到表率作用。从那天之后，单位的领导们每天都会将工牌戴在胸口。向领导来汇报工作的中层如果忘记带工牌，领导就会提醒他们一定要戴，甚至有人会跑回办公室重新戴上再回来。中层重视起来之后，普通员工也开始有了觉悟，自上而下的影响从根本上解决了大家重视度不够的问题，人们很快形成了每天佩戴工牌的习惯。由此可见，决策拍板者的站台对员工的影响，远比设置检查要来的根本和彻底。

正面示范者。虽然我们得到了决策拍板者的支持，但是如果你要推动的是一件大家之前没做过的事情，人们还是会心存疑惑：“这件事靠谱吗？

能做成吗？”这时最好的方式并不是拍着胸脯告诉大家这件事肯定能搞定，让大家放心大胆地去做，而是先树立一个正面示范者，通过他的亲身实践证明这件事能做成，才能真正打消大家的顾虑。

一家公司为了规范销售管理，让客户的信息能够不断地积累下来，成为公司重要的资产，就引入了一套 CRM（Customer Relationship Management，客户关系管理）系统。销售之前都没接触过这种系统，觉得填写非常麻烦，都不愿意主动录入信息。虽然公司高层召集所有销售专门开会传达了公司落实 CRM 系统的决心，但实际上大部分销售还是很抵触。为了解决这个问题，公司特地找了几个做事牢靠的老销售，先教会他们用 CRM 系统，尤其是那些他们在工作中特别需要的功能，比如开例行销售会议做销售汇报的时候，利用 CRM 能很快做出全面的销售数据分析报表。这几个老销售就是这次影响事件中的正面示范者：一方面老销售做事稳妥，其他销售信任他们；另一方面如果老销售都能把 CRM 用起来，就说明 CRM 并不难用，对于学习新事物更快的年轻销售来说，掌握 CRM 应该会更快。在正面示范者的带领下，大家逐渐开始接受并使用 CRM 系统。

反抗领导者。我们要推动大家完成某件事情，尤其是进行改变时，一定会出现不愿意配合的人，而且可能还不在少数。更有意思的是，在这些反对者中，经过一段时间后，就会涌现出一个领袖型人物，我们把这个人称为“反抗领导者”。“擒贼先擒王”，找到这个人非常关键。如果我们能先影响反抗领导者，扭转他的态度，他就能帮助我们影响其他反对者。

某外资 IT 设备公司（以下称 C 公司）的主流产品是面向企业级客户

的IT设备，在每个省都由一个区域总代理商负责把他们的产品销售给该省的企业客户和二级代理商。后来C公司收购了一个专门做个人小型IT产品的公司，并把其产品引入中国销售。考虑到该产品更适合零售的特点，C公司决定在每个省重新招募一家擅长零售的区域总代理商专门销售该产品。

区域总代理们听说C公司要在他们的地盘上引入新的区域总代理商后，觉得这种做法动了自己的“蛋糕”，认为这个产品也应该通过他们来销售。因此，反对此项政策的呼声很高，尤以每年销量最大的山东省区域总代为甚，其他省的代理商都跟着帮腔。

为了消除区域总代理们的抵触情绪，C公司决定先从山东总代入手来解决这个问题。C公司的销售总监拜访并和山东总代一起分析了新产品的特点：新产品更适合零售，要求区域总代有丰富的零售经验和资源，而山东总代一直做企业客户并不擅长做个人用户的零售业务，也没有专门做零售的二级代理商资源；而且，新产品要大量铺货，需要承诺完成的销售任务高，占用资金量大，如果由山东总代来销售的话，每个季度需要占用的资金必须翻番，但是山东总代现在根本没有这么大的资金储备。由此可见，能力和资金的要求都不允许山东总代吃下这块“蛋糕”。

这个分析结果让山东总代意识到：对他来说，新产品其实是个烫手山芋，不仅赚不到钱，而且还可能让现有的业务崩盘。因此，他很快转变了自己的态度，明确表态支持C公司在山东重新找新产品区域总代理的政策。随后，其他的区域总代理看到最大的代理商都表态支持了，反对的呼声慢慢也就平息了。

广泛搭桥者。当需要推动多个部门协作时，我们不太可能和所有相关部门都熟悉。这时，如果能找到一个对各个部门都了解的人来帮助我们搭桥，快速和这些部门建立良好的人际关系，推动起来会更加容易。在“平时积累：三大影响力资源”章节讲过人际网络中有结构洞的存在，部门之间或业务单元之间都存在结构洞，我们把这个占据结构洞的人称为“广泛搭桥者”。可以通过与广泛搭桥者建立连接来扩大影响力，快速建立起与各个部门的沟通桥梁。在公司内部，那些需要经常进行跨多部门沟通和协作的人往往就是占据结构洞的人，比如：人事、项目经理、总经办或综合办公室等。

在国际外交舞台上，基辛格就是一位广泛搭桥者。1972 年中美正式建交，基辛格在其中起到了非常重要的桥梁作用。1969 年，美国总统尼克松邀请基辛格担任国家安全顾问，在之后的 4 年内，基辛格 15 次登上《时代》杂志的封面，还被称为“全球不可或缺的人”。

基辛格之所以有这么大的影响力，就是因为他占据了各国之间的外交结构洞。我们可以在尼尔 · 弗格森所著的《基辛格》和《广场与高塔》中找到答案：基辛格在社会网络中的位置是他成功的决定性因素。基辛格一直以来都把主要精力花在与美国政府之外的要员建立关系上，尤其是外交方面，他会积极结交外国元首、外交部部长和驻美大使。为了证明这一点，弗格森绘制了基辛格的人际网络图（见图 8–2）。网络图里的中心节点是基辛格本人，周围节点的大小反映了基辛格在回忆录里提到这个人的次数（从一定程度上，也体现了这个人的重要程度）。在基辛格的这张人际关系图中，外国政要与美国政要同等重要。无论是中国的周恩来总理，还是苏联驻美大使多勃雷宁，在基辛格的个人网络中都占据了非常重要的位置。可见，很多国外元首和政要的沟通都要通过基辛格才能建立起来。

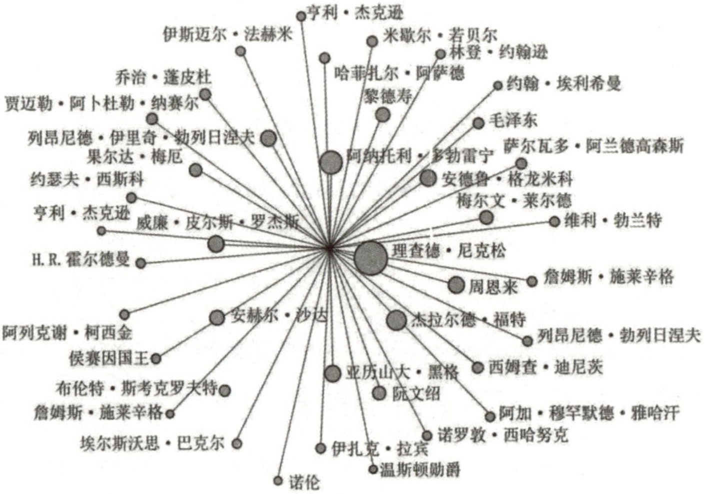

图 8-2：基辛格的人际网络图（此图来自尼尔·弗格森《广场与高塔》）

Key Action：关键行动

关键行动是指被影响者需要做的那些能够帮助我们达成结果的少数且重要的行动。

20 世纪 30 年代，美军一度发生多起坠机事故，经过调查发现，多数坠机事故是由于飞行员的各种失误引起的。其中最为有名的坠机事件发生在1935年10月30日，美国陆军航空团（美国空军前身）少校皮特·希尔因在起飞前忘记解锁升降舵，导致试飞B-17轰炸机时，发生机毁人亡的恶性事故。B-17轰炸机是当时全球最大的飞机，造价非常昂贵，而且希尔本人的牺牲不但给美军带来了巨大的人才损失，也让希尔的家人蒙受了失去挚爱的痛苦。

经过大量调查，美军发现只要飞行员严格做好一项关键行动就能大大减少坠机事故：在起飞前，飞行员要按照飞行前检查清单严格进行逐项检查，只有所有的检查项目都没问题时，才能起飞。不出所料，在美军让飞行员们严格执行这项关键行动之后，坠机事故大大减少。而且这项关键行动现在已经不只是美军的飞行员在执行了，全球所有的飞行员，不管是军用还是民航，都在执行。这就是关键行动的巧妙之处，飞行员执行这项关键行动只需要几分钟时间，就可以带来飞行安全，而且避免了巨大的人员、财产损失。

精准找到关键行动的方法可以从一个我参与过的咨询案例说起，有一家女鞋品牌希望提升商场店铺的皮鞋销量，他们发现之前给销售人员培训的亲切微笑等销售方式并不能解决销量停滞的问题。

于是，我们借助这家公司进销存软件系统的数据，调查了近一年来所有销售人员的销售业绩，找到了很多绩效突出的销售人员。但是有些销售人员的销售额高并不是因为她们的销售能力强，而是因为店铺所在的商场处于黄金地段，地段优势给她们带来了普通商场无法企及的大量客流，从而帮助她们提升了销售业绩。我们把这部分销售人员剔除，筛选出那些在普通商场的店铺仍能做出高业绩的销售人员。

找到这些高绩效销售人员后，我们来到她们所在的店铺驻店几天，近距离观察她们是如何与客户互动进行销售的。通过对多个高绩效销售人员的研究，我们发现了她们的三项关键行动：

关键行动1：她们会仔细观察进店顾客的着装，对顾客的风格和品味做出基本的判断。

关键行动2：当顾客提出想要试穿某双鞋时，她们除了拿顾客指定的鞋子之外，还会根据对顾客着装的观察和判断，再多拿几双和客人着装风格匹配的不同款式的鞋。

关键行动3：当顾客对自己选的鞋不满意时，她们会有理有据地推荐另外几双鞋给顾客试穿，比如她们会说："我发现您的包包以及风衣，和这双鞋特别搭，要不您试试看？"

这些高绩效销售人员主要通过这三项关键行动实现了高于普通销售人员至少两倍的销售额。

最后，把这三项关键行动复制给更多的销售人员。首先，我们请这些优秀销售人员拍摄教学视频讲解她们的秘诀，并让专门负责培训的督导们尽快掌握这些关键行动。然后，请掌握了这些关键行动的督导到各家商场亲自指导，帮助销售人员都掌握这些关键行动。经过一段时间之后，该公司的销售额较上年同期有了大幅提升。

我们帮助这家公司找关键行动的方法叫作标杆复制法，分为三个步骤：

第一步，找出具有代表性的标杆。这是非常重要的前提条件，在筛选标杆的过程中，我们需要剔除那些不具有代表性的"假标杆"。

第二步，研究标杆，找出关键行动。找出标杆是通过哪些关键行动实现优秀表现的。我们需要贴近这些标杆，近距离观察并仔细研究，才能发现关键行动。

第三步，把关键行动复制给我们希望影响的更多人。通过简单明了的方式帮助更多人掌握这些关键行动，就能达成我们想要的结果。

本章我们讲了识别关键人、关键环节和关键行动的方法，希望这些方法能够帮助大家在工作中事半功倍地扩大自己的影响力。

CHAPTER NINE

第九章

分析阻力：想要消除阻力，先要看清阻力！

如果我们想影响大家去做更复杂的事情，遇到的阻力肯定不会少。这时就需要建立一个通用的阻力分析框架，即便需要推动大家去做不同的事情，也能高效而全面地分析出阻力有哪些。

知识卡片

分析阻力

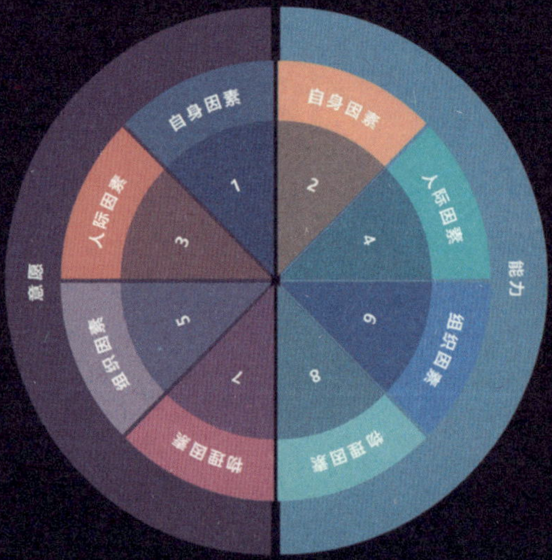

几年前，我的一位朋友跳槽去了广州一家规模不大的工厂做行政经理。他们工厂时常发生工人被倾倒的重物砸伤脚的事故。为此，厂里专门给工人买了一种特种皮鞋，这种皮鞋看起来和普通皮鞋差别不大，只是脚面部分比普通皮鞋高，鞋头到脚面这部分内置了一层拱形钢板做支撑，即使重物砸在脚上，只要在承重范围内，钢板就不会被压弯，可以很好地保护脚面。

可是脚被砸伤的事故仍然时有发生，因为工厂不大，没有专门管安全的岗位，厂长就让我朋友调查一下原因，朋友知道我经常给制造型企业做咨询，就找我帮忙出主意。有“日本经营之神”美称的稻盛和夫老先生曾说过“答案永远在现场”，想找到原因，就必须从发生问题的现场入手。我让朋友去现场做了三件事情：一是跟车间里面的工人聊聊，尤其是没穿特种皮鞋的，问问他们不穿的原因；二是自己穿一双特种皮鞋，在车间里待一天，亲自体验和感受一下；三是给因为不穿特种皮鞋而受伤的工人打电话，了解他们是怎么被砸伤的。

他用了两天时间进行实地考察，找到的原因竟然有八条：

1）有的工人觉得换鞋太麻烦，而且自己反应敏捷不会被砸到，有侥幸心理。

2）很多工人都是刚刚毕业的高中生，缺乏基本的安全生产知识。

3）不穿特种皮鞋工作的工人不少，其他工人受到他们影响也就不穿了。

4）车间里没有安全生产专员定期巡场，没人提醒并帮助没穿的工人穿上。

5）公司没有对穿特种皮鞋工作进行考核，不穿也不惩罚。

6）公司没有规范的安全生产流程和指引，现场也没有警示提醒。

7）广州本来就热，车间里温度较高，穿上这种鞋之后，脚会很闷，容易起脚气。

8）车间里光线不太好，而且噪音比较大，分散了大家的注意力，降低了大家应对危险的反应能力。

由此可见，要求大家穿特种皮鞋这件看似简单的事情都面临这么多的阻力，如果我们想影响大家去做更复杂的事情，遇到的阻力肯定不会少。这时就需要建立一个通用的阻力分析框架，即使需要推动大家去做不同的事情，也能高效且全面地分析出阻力有哪些。

首先，从意愿和能力两个维度入手。在我们试图影响他人而受阻时，有些人是主观上不愿意帮助你，这方面的阻力可称为**意愿类阻力**；有些人则是因为能力不够无法帮助你，这方面的阻力可称为**能力类阻力**。当然也有些人是既不愿意也没能力帮你。

其次，深入分析人们的意愿和能力会受到哪些因素的影响。美国知名的行为心理学家托马斯·吉尔伯特毕生都在研究人们在工作中的表现主要受哪些因素的影响，他提出了著名的“行为工程模型”，指出人们的工作表现主要受两个方面的影响：**人们自身及他们所处的环境。**

基于吉尔伯特的研究，我将其细分出四种影响因素：

自身因素：每个人的行为会受自身的某些原因影响。

人际因素：在工作环境中人们会和他人不断互动，会受到同事等相关人的影响。

组织因素：受雇于公司，人们会受到公司制定的制度、流程和企业文化等因素的影响。

物理因素：人们会受到工作所处的物理空间（包括：温度、湿度、声音、光线、距离等）的影响。

人们的意愿和能力会受到这四类因素的影响，因此，我们把阻力分为以下八个方面（见下表）。接下来，我们详细讲解这八个方面的阻力（见图 9-1）：

图 9-1：八个方面的阻力

阻力 1：自身意愿方面的阻力

指的是当事人自己不愿意去做。如果对方认为协助你的事情没有意义和价值，不符合他的价值观、信仰或原则时，就会产生这方面的阻力。

很多公司在推动组织变革和转型时，在员工层面都会遇到很大的阻力，其中一个重要的阻力就是人们自身的变革意愿不足：人们已经习惯了现在做事的方式，还没有实实在在看到变革带来了哪些好处；而且变革意味着很大的风险，如果变革失败一定会付出代价，承受变革失败代价的往往是员工。

阻力 2：自身能力方面的阻力

是指当事人自己不具备这方面的实力。如果这件事情超出了他的能力范围，对方即使想做也做不到。

如果对方协作意愿很强，我们往往会觉得成功在望，容易忽略他们在自身能力方面的阻力。有一家 IT 产品经销商代理了几款新的 IT 硬件产品。销售们表现出了很高的积极性，纷纷把新产品推荐给自己的老客户，但是新产品的销售额却一直上不去。这家公司的销售总监很困惑：为什么大家积极性这么高，而且面对的又是老客户，新产品还是卖得不好？我建议他针对销售们做一次新产品知识摸底考试，题目出得不用太难，但是一定要突击考试。几天之后，考试成绩出来了，没有一个销售及格。新产品理念新而且技术含量比较高，对销售们的能力要求不低，他们不但要掌握基本的产品知识，更要给客户讲清楚新产品对实际业务能带来哪些价值。但是由于销售们积极性高，而且面对的都是老客户，销售总监就自认为销售新产品的难度不大，结果忽略了推动新产品销售中大家在自身能力方面的阻力。

阻力 3：人际因素对当事人意愿造成的阻力

周围的人不鼓励，甚至反对对方去做你希望他做的事情，因此导致对方的意愿或积极性下降。

在前文中，我们提到了社会心理学中的“从众心理”，是指个人往往会受到群体决策的影响，而遵从群体的决定。在参与一家企业的降本增效项目时，我对“从众心理”有过一次实验。在实验的第一阶段，请三个员工专门留在办公室加班到晚上。在办公区除了他们，只剩一两个同事还在加班的时候，他们会依次下班，并把自己所在区域的灯关掉，而且还会跟没走的这一两个同事打声招呼，请他们下班关灯。我们做了五次实验，每次最后走的同事都把灯关掉，办公区的摄像头记录下了这些情况。在实验的第二阶段，我们又请三个员工专门留在办公室加班，这次所有的灯都开着，还是让这三个同事在除了他们之外只剩一两个同事加班的时候依次下班，并跟其他同事打招呼，但是都不关灯。结果五次实验下来，只有一次最后下班的同事关了自己所在区域的灯，其他四次最后走的同事都没有关灯。显然，即便是下班关灯这样看似简单的事情，我们也会受他人的影响。

这种从众现象在其他方面也屡见不鲜，比如你在公司推动大家执行某项新政策时，有些员工其实并不抵触，甚至是欢迎的。但是当周围很多人反对，尤其是一些资历老的员工反对时，那些本来不抵触这项政策的员工也就不会站出来支持了，大家都愿意“随大流”而非当“出头鸟”。

阻力 4：人际因素对当事人能力造成的阻力

你希望对方协助做的事情，需要他在别人的帮助下才能完成，但是别人并没有及时提供能力上的协助。

我的第一份工作是在思科做销售。作为全球最大的网络设备提供商，思科的管理理念很先进，很多工作都是通过 IT 系统来完成的。因此，公司会时常推出新的 IT 软件系统让我们使用，比如财务报销有一套系统，下订单也有一套系统。虽然这些系统功能强大，但是对于刚刚接触新系统的人来说，使用起来还是存在难度的，需要及时得到帮助才能学会如何使用。当遇到问题时，我需要给负责技术支持的团队打电话来远程解决，对方远在印度，有时电话打不通，有时电话打通了，我也总是听不太懂他们的英语发音，问题没法解决，系统也就无法使用。这就是相关人没有给我们及时提供能力上的支持，客观上形成了阻力。

阻力 5：组织因素对当事人意愿造成的阻力

这方面的阻力是和公司的奖惩制度相关的。当推动大家做某一件事时，你没有建立激励制度，或者现有的激励制度和你希望的方向不一致，都会导致当事人的意愿或积极性下降。

某公司为了增加现金流，建立了对销售人员的激励机制：只要客户签了合同并支付一部分预付款，公司就把该合同的全部提成奖金当月发给销售作为激励。但是过了一段时间，公司发现这种做法并不能有效增加现金流，因为预付款也只够抵消公司生产和运营等各方面的成本，后面的应收账款迟迟收不上来，反而导致公司的现金流出现了问题。这时，公司希望销售们能去和客户沟通尽快把应收账款收回来，但是销售们的积极性始终不高，还是一门心思地去签新订单，因为签新订单就能拿到全额提成，反正提成已经拿到了，销售们就不再关心收款的事情了。这就是激励机制有问题带来的阻力。

阻力 6：组织因素对当事人能力造成的阻力

这方面的阻力和公司的流程、资源以及工具相关，比如你希望对方做的事情有一定难度，需要公司提供清晰的流程、一定的资源或好用的工具等才能做到，但是目前公司没有这方面的流程、资源或工具，或者流程复杂、资源不足以及工具难用，结果当事人在组织层面得不到能力上的支持，这就客观上形成了阻力。“工欲善其事，必先利其器”说的就是这一点。

我朋友在一家 IT 网络设备公司做销售总监，他和我分享了一个相关案例：公司曾经推出了一款新的网络安全设备，不仅功能强大，而且性价比高。他们原本以为新产品的销量一定会在短期内就爆发，但是推出一段时间之后还是业绩平平。原来客户并不清楚这款新产品能给实际业务带来什么价值，因此不敢贸然花钱购买。有不少客户提出，希望他们公司能够提供测试样机，让客户可以试用一段时间，实际体验一下新产品是不是真的好用，再决定是否购买。但是因为他们之前对新产品的销量估计过于乐观，并没有给销售们提供样机，结果导致销量不佳。为了尽快让客户体验新产品，他们加紧生产了一批测试样机发给销售。销售们利用测试样机给很多客户进行了试用，而且反馈非常好。两个月之后，这款新产品的销量实现了大幅增长。看来，公司忽略了为销售们提供样机，结果大家都是“巧妇难为无米之炊”，成了一种阻力。

阻力 7：物理因素对当事人意愿造成的阻力

对方所处的物理空间（包括：温度、湿度、声音、光线、距离等）会对其造成危险或者让其厌恶，导致意愿或积极性下降。

某公司发展很快，现有的办公室已经人满为患，所以公司老总决定换一个更宽敞的办公室，以此来满足公司未来五年的人员增长。找了很长时间，他们终于在接近市郊的地方找到了一个合适的办公室。这里有一幢办公楼刚刚建好，正在招商，硬件条件不错而且给的价格也很优惠，以现在的租金他们可以租下目前两倍大的办公面积。老总觉得这个选择还可以，就让人力资源总监负责搬办公室的事情。为了稳妥起见，人力资源总监先做了一个员工调研，看看大家对换办公室的积极性高不高。调查结果并不乐观，大部分员工明确表示不愿意搬，主要原因是上班距离太远，上下班花在路上的时间要比现在多一倍。不少员工私下找人力资源总监沟通，他们一想到上班距离这么远，工作的热情都没有了，如果公司真的要搬家，他们就只能考虑换工作了。在综合考虑了大家的意见之后，公司最终没有选择搬到市郊这个方案，而是在现在的办公地点附近的大楼又租了一间办公室来解决这个问题。可见，作为物理空间因素之一的距离对人们的意愿也有很大影响，成了这次搬家的阻力。

阻力 8：物理因素对当事人能力造成的阻力

对方所处的物理空间（包括：温度、湿度、声音、光线、距离等）会影响其能力的发挥，比如物理空间中的光线昏暗、声音嘈杂等影响了大家的视觉、听觉等感觉，也就降低了人们的能力。

一家广告创意公司，为了激发员工的广告创意能力，就在办公室为大家准备了游戏机、桌游等各种帮助员工放松的设施。但是过了一段时间，老板发现用心良苦的设计却给员工带来了负面的干扰，很多员工反应声音太吵了，根本没办法静下心来思考广告创意。一开始，公司为了营造轻松的氛围，告诉员工工作时间可以玩游戏。因此，时不时就有人玩，玩得投入自然就会发出欢呼声，而且游戏区和办公区是混在一起的，这就大大影响了正在冥思苦想广告创意和聚精会神做版面设计的同事，他们需要安静的环境。可见，吵闹的声音降低了员工专注工作的能力，绝对是一种阻力。

详细了解这八个方面的阻力之后，我们就可以用这个通用的阻力分析工具来分析推动大家去做不同事情时的各种阻力了。

第一步，调查和收集实际遇到的阻力。以本章开始的案例为例，当时行政经理收集到了八条阻力。

第二步，把找到的阻力对应填入阻力分析工具。把案例中的八条阻力，按照每个方面的阻力定义进行归类，对应填入八个方面（见图 9–2）：

图 9–2：案例中的八大阻力

这个通用的阻力分析工具不但可以帮助我们更加精准地定位阻力，而且也为下一步针对不同的阻力制定相应的影响力策略做好了准备。

CHAPTER TEN

第十章

施加影响：多管齐下，影响众人！

阻力分析工具帮助我们精准地定位出了发挥影响力过程中的各种阻力。对应八个方面的阻力，我们提供了八种有针对性的影响力策略。尽管如此，还是没有一招克敌的制胜秘诀，想要达到好的影响效果，我们必须多管齐下，组合使用多种影响力策略。

知识卡片

施加影响

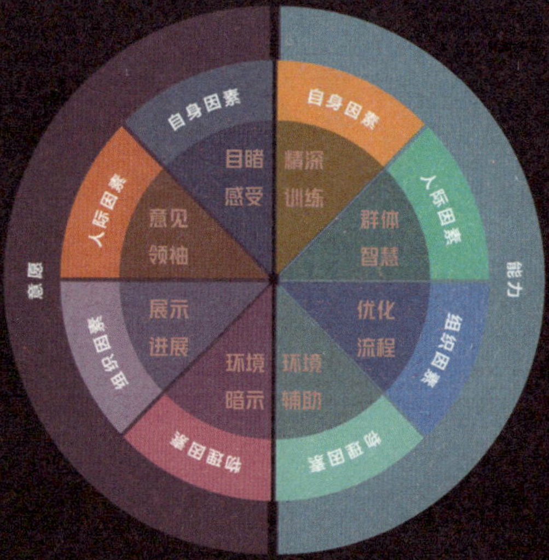
意愿
能力
自身因素
目睹感受
人际因素
意见领袖
组织因素
展示进展
物理因素
环境暗示
自身因素
精深训练
人际因素
群体智慧
组织因素
优化流程
物理因素
环境辅助

阻力分析工具帮助我们精准地定位出发挥影响力过程中的各种阻力。接下来，我们将重点讲解针对每种阻力的影响力策略：

策略 1，针对自身意愿方面的影响力策略：目睹—感受—改变。

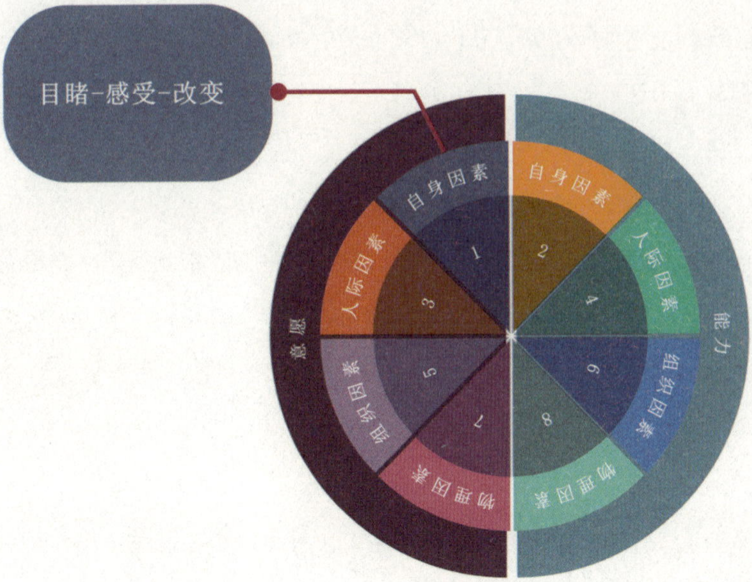

图 10–1：针对自身意愿方面的影响力策略

自身意愿方面的阻力是指当事人不愿意去做。如果当事人觉得这么做没有意义和价值，不符合他的价值观、信条或原则时，就会产生这方面的阻力。用“目睹—感受—改变”的方法可以让当事人意识到协助的意义和价值，从而提升其意愿，消除阻力。

哈佛商学院终身教授约翰·科特在研究企业变革的过程中发现：在公司需要进行变革时，大多数人都会满足于现状，变革意愿不足。等到大家都真切意识到危机时，企业变革的最佳时机往往已错失。为了激发大家改变的意愿，企业采用的常见方法有两种："分析—思考—改变"和"目睹—感受—改变"。[17]

"分析—思考—改变"是一种偏理性的方法，是指公司高层通过严谨的数据分析来让大家发现问题，再通过理性的思考讨论来促动大家提升意愿接受变革。

"目睹—感受—改变"则是一种偏感性的方法，在激发大家的变革意愿方面效果更好，比如前文讲过乔恩·斯特格纳为了影响公司高层接受采购流程改革的建议，就让公司高层目睹了424双手套，相对于将分析手套数据的PPT呈现给公司高层来说，"目睹—感受—改变"更加直观高效地触动了高层，推动了公司采购流程的改革。

"目睹—感受—改变"分为三步：

第一步，目睹：让大家亲眼看见，产生视觉冲击，通过一些戏剧性、引人注意的情景来引发大家的关注。

第二步，感受：通过一些环节引发大家的情感共鸣，人们才会从内心深处真正认同，也就是"动之以情"。

第三步，改变：这时人们才愿意主动参与改变，也就是说大家的意愿才会提升。

我在给一家全球知名的医疗器械公司做培训时，学员们分享了一个利

---

17 约翰·科特《变革之心》。

用“目睹—感受—改变”的方法来提升研发人员的工作意愿，加快研发进度的案例。这是一家在心脏医疗器械领域技术非常领先的公司，其专利技术在业内一度无人企及，躺在功劳簿上的研发人员逐渐没有了斗志，导致重要产品的研发进度经常延误。公司高层对此心急如焚，曾亲自去研发中心为研发人员演讲鼓劲儿，却发现没什么效果，研发拖延问题依然没有实质性的改善。在这种情况下，有人想到了“目睹—感受—改变”的方法：他们举办了一个患者和研发人员之间直接沟通的开放日活动，邀请20位使用了他们产品的患者来参加。

首先，让研发人员目睹患者们的变化。很多患者给研发人员讲了自己之前的痛苦病情，甚至拿出之前病情严重时在病床上拍的照片给研发人员看。对照他们之前的痛苦经历，患者们现在的身体状态已经恢复了很多，这种强烈的反差给研发人员留下了深刻的印象。很多研发人员是第一次目睹自己参与研发的产品给患者的生活带来了如此大的改变，他们非常欣慰。

其次，让研发人员与患者产生情感共鸣。这20位患者都是带着感激之情来参加开放日活动的，他们不仅讲述了产品给自己带来的改变，而且发自内心地表达了对研发人员的感恩，期待他们即将推出的新产品能更大幅度提升患者们的生活质量。这大大激发了研发人员的情感共鸣，而且让大家真真切切地感受到了研发工作的意义和价值。

最后，研发人员开始改变。这次活动之后，神奇的事情发生了，研发项目拖延的问题得到了有效改善，产品的研发效率大大提升。当问及研发进度提速的原因时，很多研发人员都表示开放日与患者们的沟通对自己的触动很大，一想到如果自己的研发工作能早一天完成，患者们可以少承受一天的痛苦，他们就觉得自己的工作非常有意义。因此，全身心投入研发工作的动力被大大激发了。

策略 2，针对自身能力方面的影响力策略：精深训练。

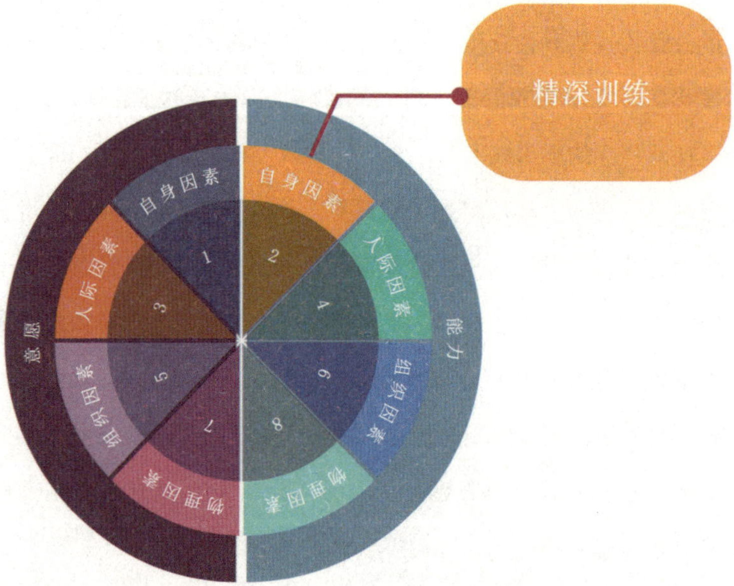

图 10–2 针对自身能力方面的影响力策略

自身能力方面的阻力是指当事人自己不具备这方面的实力。如果这件事情对当事人的能力要求很高，超出了他的能力范围，当事人即使想做也做不到，应当利用“精深训练”的方法来提升当事人的能力，消除这方面的阻力。

“精深训练”是一种快速提升人们能力的训练方法。[18]澳大利亚的音乐心理学家盖瑞·麦克赫森和詹姆斯·伦威克合作主持的一个研究项目证明了这种训练方法的高效性。他们的研究对象是一位学习单簧管的音乐资质普通的小女孩，两位心理学家请小女孩先后采用不同的训练方法进行单簧管练习，并且记录这些训练方法产生的训练效果差异。他们发现当小女孩使用“精深训练”的方法时，她的演奏水平进步最快，训练效果最好。

我们要推动很多人去做某一项任务时，鉴于大家都有本职工作要做，在精力有限而且时间紧迫的情况下，“精深训练”能够在不占用太多时间的情况下，快速高效地提升大家帮我们做这项工作的能力，消除自身能力方面的阻力。

据研究显示，人们能力提升的效果是由大脑中一种叫作髓鞘质(myelin)的神经绝缘体(见图10−3)决定的。图10−3中，一圈圈的东西就是髓鞘质，它是将神经回路包裹起来的绝缘体，髓鞘质越厚，我们的交流、阅读、学习技能等能力就越强。脑神经学家们认为这种物质是人们学习技能的关键。

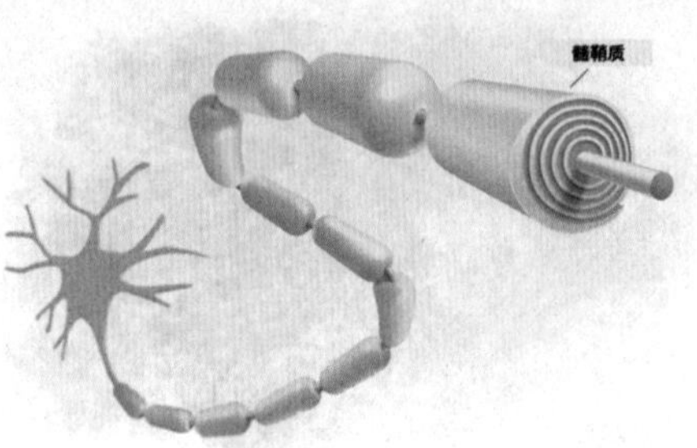

图10−3：髓鞘质示意图

18 美国学者丹尼尔·科伊尔《一万小时天才理论》。

髓鞘质有三个特点：

1）**终生生长。**我们每个人的大脑中都有髓鞘质，而且这种物质会一直生长，也就是说我们即便上了年纪，髓鞘质的生长依然可以帮助我们提升某方面的技能。

2）**有助于所有技能。**脑神经学家研究发现，髓鞘质的生长有助于帮助我们增强所有类型的技能，既包括智力型技能（如下棋、编程、写作等），也包括体力型技能（如滑冰、跑步等）。

3）**"精深训练"是促进髓鞘质生长的最佳方式。**在众多提升技能的方法中，"精深训练"的方式最能促进髓鞘质的加速生长。作为促进髓鞘质生长的最佳方式，"精深训练"有四个特点：

特点1：沉浸其中。想办法让训练者把注意力真正放到练习上，心无旁骛，专心练习。

特点2：技能拆分。把复杂技能拆分成相对简单的模块，这样人们掌握起来会更容易。

特点3：安全试错。让人们在无风险的安全环境中，通过犯错来进行体验式学习和反思。

特点4：指导反馈。在人们练习的过程中，需要教练及时给予大家正确的反馈。

关于"精深训练"的效果，我想给大家分享自己的亲身经历：

你知道飞机上的救生衣应该怎么穿吗？说实话，我真的不太清楚。虽然我已经有超过20年的乘机经验，每年要坐近100次飞机，积累到现在的飞行里程已经超过了100万千米（可以绕地球25圈），而且空姐每次在起飞之前都要演示救生衣的穿法，但是我真的没有把握能够把救生衣一次穿对。

但是我去泰国玩水上摩托的时候，一次就学会了水上摩托的救生衣怎么穿。同样都是学习穿救生衣，为什么对我来说会有这么大差别呢？按照“精深训练”的四个要点来分析，就能知道原因：

1）沉浸其中。在飞机起飞之前，空姐只是给大家演示怎么穿救生衣，很多人根本没有把注意力放在这件事情上，有的玩手机，有的闭目养神，也有的和我一样习以为常当成耳旁风。但是骑水上摩托的时候不一样，教练直接把救生衣扔给我，他给我演示的同时，我要自己动手把救生衣穿好。这种方式把我的视觉、听觉和动作等身体部位能调动的都调动起来，让我不得不聚精会神地看教练的动作，自己仔细扣好每一个安全卡扣，整个学习穿救生衣的过程绝对沉浸其中。

2）技能拆分。为了方便我学习，水上摩托的教练会把穿救生衣的步骤分为三步，一步步带着我做：第一步，先把救生衣前后正反弄清楚，正确地穿在身上；第二步，找到所有的安全扣以及对应的扣眼；第三步，依次把这些安全扣对应扣好。在飞机上，空姐虽然也拆分了穿救生衣的动作，但是因为我自己没有亲身体会，所以印象不深刻。

3）安全试错。水上摩托的教练是让我在下水之前（这是一种没有风险的安全环境）试穿救生衣，即使我穿错了也没关系，重新穿一遍就行，不会有生命危险。在20多年的乘机经历中，我从来没试穿过飞机上的救生衣，真不知道自己能不能一次穿对。心理学家发现，如果练习的环境不安全，会对训练者形成强烈的干扰，让训练效果大打折扣。安全试错在给孩子辅导作业的时候特别适用，我朋友的儿子在北京市某重点中学常年能保持在年级前三名，这位朋友曾跟我说过一句话，我甚至将这句话在微信中做了收藏——“辅导作业的时候，如果气氛不太好，就不要再继续了，那个时候说什么其实都没有用了，不如第二天让老师去说他吧！”

4）指导反馈。水上摩托的教练是自己做一步，然后他看着我做一步，如果我哪儿穿错了，他马上就会纠正我的错误，我立刻就能知道正确的穿法是什么。但是在飞机上，我从来没有得到过空姐对我穿救生衣的反馈，因为我根本没穿过。

所以，就穿救生衣这项技能而言，骑水上摩托之前短短不到 2 分钟的训练在我身上取得的效果已经超过了我坐 20 多年飞机的效果。这就是“精深训练”的高效之处。

某 IT 公司为了推动销售团队尽快掌握新产品的销售技巧，曾委托我运用“精深训练”的方法对团队进行培训，而且取得了很好的效果。

1）沉浸其中。该公司以往的产品培训只是请产品经理给销售们讲讲新产品的技术参数以及功能优势，然后把 PPT 发给销售们让大家自己看。但是我们发现这种培训方式效果很有限，因此采取了完全不同的方式。我们还是请产品经理先给销售们做产品培训，但是增加了新产品的基础知识考试、向客户讲解介绍新产品方案、模拟与客户沟通新产品的情景演练等环节。为了通过这些考验环节，销售们必须专心沉浸其中。

2）技能拆分。我们把新产品销售技能拆分成了三个模块。

模块 1：产品经理先给销售们讲基本产品知识，讲完之后马上进行闭卷考试，只有等到全部销售人员都通过考试，才可以进入下一模块的学习。

模块 2：学习如何向客户介绍新产品，销售们先学习给客户做新产品方案介绍的基本思路和技巧，然后自己设计 PPT 并现场讲解，由产品经理和销售管理团队点评，等到全部销售人员都能达标，才能进入下一个模块。

模块 3：模拟演练与客户沟通新产品的场景，销售们先学习与客户沟通新产品的基本沟通技巧，然后由销售部门领导扮演客户，和销售们现场演练沟通新产品的过程，演练之后进行深入点评，加深销售们的印象。

3）安全试错。上面拆分的模块 2 和 3 就是让销售们在无风险的安全环境中发现自己的问题，即使他们犯了错误，也不会丢失销售机会。要是没有这一环节，直接让销售们听完新产品的基本知识就去见客户的话，如果在过程中无法解答客户提出的问题，就会让客户丧失对新产品进一步了解的兴趣，这样的试错成本实在太高了。

4）指导反馈。在新产品销售培训的三大模块中，我们都安排了产品经理和销售管理者给销售们做指导和反馈，及时发现销售们有问题的方面和做得好的方面，第一时间给大家反馈，让销售们及时纠正错的方面，加强自己做对的方面。

策略 3，运用人际因素提升当事人意愿的影响力策略：寻求意见领袖的支持。

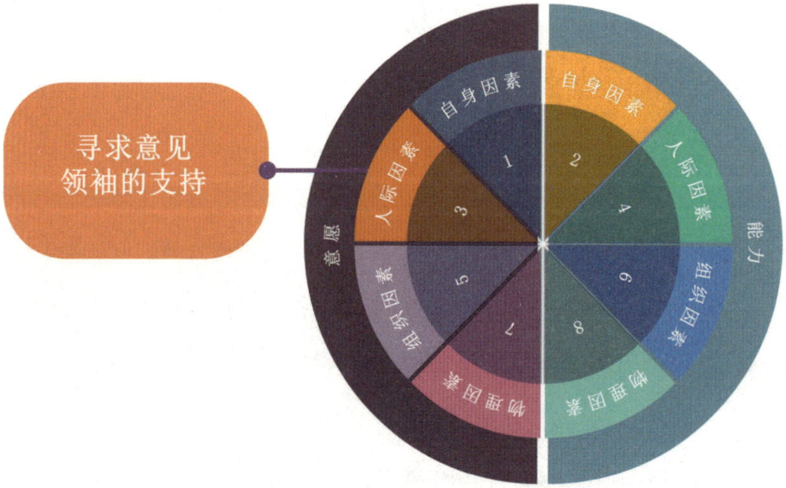

图 10—4：运用人际因素提升当事人意愿的影响力策略

人际因素对当事人意愿造成的阻力是指相关人不鼓励，甚至反对当事人去做你希望他做的事情，因此导致当事人的意愿或积极性下降。所以，我们的影响力策略是寻求意见领袖的支持，请意见领袖影响当事人，提升他参与的意愿，消除这方面的阻力。

在“识别关键：抓住三大关键点，影响众人事半功倍！”这一章中，我们讲到了在发挥影响力的过程中，需要找到四类关键人：“决策拍板者”“广泛搭桥者”“反抗领导者”和“正面示范者”。在调动大家的参与意愿方面，我们依然需要抓住这四类关键人：请“决策拍板者”帮助我们获得名正言顺的授权；请“广泛搭桥者”帮助我们快速建立和扩大人际网络；说服“反抗领导者”；请“正面示范者”亲身实践做出成效。在进一步研究之后，我们发现选择谁来做“正面示范者”非常重要，并不是随便什么人都能成为“正面示范者”，最合适的人选是“意见领袖”。[19]

社会学家埃弗雷特·罗杰斯曾经做过向农民推广改良玉米种子的工作，意见领袖是他在工作中的重要感悟。当时他的工作是向艾奥瓦州的农民推广一种经过改良的新型玉米种子。这种新型玉米种子不但会大幅增加玉米产量，而且抗病虫害的能力更强。一开始，罗杰斯觉得这么优良的玉米种子一定会很受当地农民的欢迎。但是通过实际走访，他发现农民们对于这种新生事物大都报以怀疑的目光，因为万一种植失败，农民们至少一季的收入就付之东流了。因此，大多数农民都不愿意冒险，种子的推广工作遇到了困难。

为了打破僵局，罗杰斯花了很大力气终于找到了一位愿意接受新事物的农民来尝试种这种改良玉米。他原本以为这个农民种了之后肯定能带动其他农民也加入进来，但是事与愿违，其他农民并不买账，因为大家都觉得这个着装时尚喜欢开新款豪车的人根本不算农民，和他不是一伙的。虽然再次遇到了困难，但是罗杰斯并没有放弃。这次他吸取了之前的教训，找到了一位比较开明的老农民，这位农民穿着朴素，很受当地其他农民的尊重。罗杰斯和这位老农民深入沟通，老农民很快接受了他的建议，开始种植这种改良玉米，而且还在其他农民面前帮助罗杰斯说了不少好话。从

19 埃弗雷特·罗杰斯《创新的扩散》。

这之后，农民们才开始加入种植改良玉米的行列。

这件事情给了罗杰斯很大的触动，之后经过大量研究，他总结出了以下的规律，我们想去影响大家帮忙做一件事情的时候，会遇到五类人（见图 10–5）：

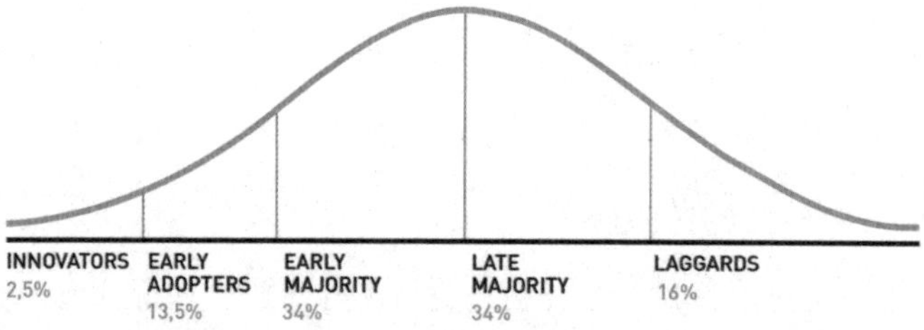

图 10–5 影响力受众中的五类人

最先接受的叫创新者（Innovators），他们对新事物特别感兴趣并愿意尝试，往往最先接受，但他们对周围人缺乏影响力，约占总人数的 2.5%。那位穿着时尚，喜欢开新款豪车的农民就是创新者，虽然他愿意接受改良玉米，但是对其他农民却没有影响力，无法调动其他农民的积极性。

第二类是意见领袖（Early Adopters），他们对新事物也很感兴趣，能很快接受新事物，而且在群体中有影响力，约占总人数的 13.5%。那位开明的老农民就是其他农民的意见领袖，他愿意听罗杰斯给他讲改良玉米的好处，同时大家都很重视他的建议。正是借助他的影响力，罗杰斯才把改良玉米在当地农民中普及开来。

第三类是早期大众（Early Majority），他们听取意见领袖的建议，如果意见领袖接受新事物，他们才会接受，约占总人数的 34%。最先开始跟随那位开明的老农民种改良玉米的农民就属于这一类人。

第四类是晚期大众（Late Majority），他们看到早期大众接受新事物，才会慢慢接受，约占总人数的 34%。后面就有越来越多的农民“随大流”开始种新种子了。

第五类是落后者（Laggards），他们往往是最后接受新事物的人，约占总人数的 16%。有些农民已经习惯了种传统的种子，而且比较顽固，他们往往是最后才开始种改良品种。

所以，如果我们能先获得意见领袖的支持，让他们成为“正面示范者”，自然会进一步影响更多人，提升大家配合的意愿。

策略 4，运用人际因素提升当事人能力的影响力策略：发挥群体智慧。

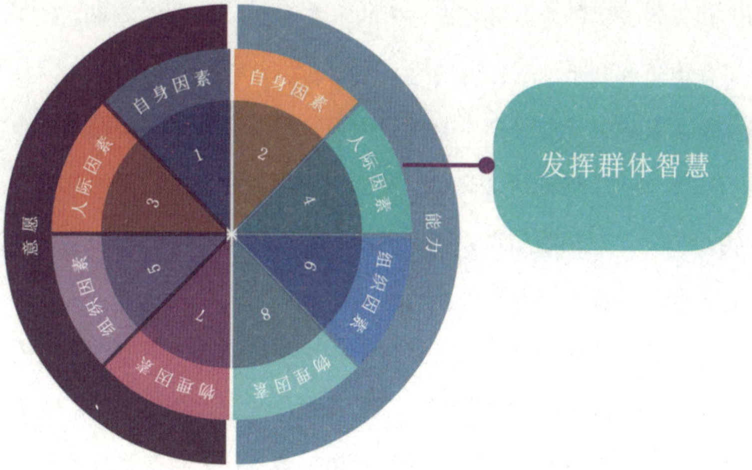

图 10-6：运用人际因素提升当事人能力的影响力策略

人际因素对当事人能力造成的阻力是指你希望当事人做的事情有一定难度，需要当事人在他人的帮助下才能完成，但是相关人没有及时给当事人提供能力上的协助。因此，我们的影响力策略是发挥群体的智慧来给当事人能力上的支持，消除这方面的阻力。

在写《商业预测》这本书的过程中，我发现了“群体智慧”这个方法，在书中有这样的描述：

1907 年的春天，英国知名的统计学家和人类学家弗朗西斯 · 高尔顿来到普里茅斯镇，参加一年一度的英格兰西部食用家畜家禽博览会。高尔顿在参观过程中，正好碰上博览会搞了一个“猜重量，赢大奖”的活动。主办方挑选了一头肥壮的公牛摆在会场中央，有奖竞猜公牛的重量。人们可以买一张有编号的彩票，在上面填写好姓名、地址和对公牛体重的估值之后，再把彩票交给主办方。收集完所有人的彩票之后，主办方会公布公牛的真实重量，谁猜的重量最接近公牛的真实重量，谁就将赢得奖金。

当时有近 800 个想碰碰运气的人参加了有奖竞猜。他们来自各行各业，有屠夫和农民这样比较了解牲畜的行内人，也有很多来自大城市想凑热闹的外行。参加这个活动时，高尔顿突然犯了学者的职业病，他意识到：虽然作为个体，人们的智力参差不齐，但是他们都投出自己的一票之后，整个群体的平均估值会不会准确性更高呢？

于是他在比赛结束之后从组织者手中买下了所有的彩票，整理出了有效彩票 787 张，并根据这些彩票做了一系列的统计和分析。他把所有竞猜者的估值累加起来算出总数，然后除以参加竞猜的人数计算出了平均值。这个结果在很大程度上能反映出这 787 人组成的群体在猜体重这件事情上的聪明程度，平均值离牛的实际重量越接近，说明这个群体越聪明。高尔顿计算出来的平均值是1198磅，竟然与公牛的实际重量1197磅仅差1磅！高尔顿被这样的结果震惊了。后来经过更加深入的研究，他把这一发现称为“群体智慧”，即面对很多复杂的问题时，群体的智慧比个体更有可能找到解决问题的有效方法！

在高尔顿的基础上，詹姆斯·索诺威尔基对群体智慧进行了更加深入的研究，成为这方面的专家，他发现想要发挥群体智慧需要具备四个条件：

第一，多元化：每个人最好都有不同的知识背景和专长。如果是在公司内部的话，大家最好来自不同的部门。

第二，独立性：人们可以拥有与别人不同的创新建议，要营造一个尊重每个人建议的讨论环境。

第三，平等：所有人的声音都会被倾听。

第四，汇聚：建立一种可以把个人想法汇聚为群体智慧的群体决策机制。

在某公司压缩预算的项目上，我们就用群体智慧的方法取得了很好的效果。在这个项目中，财务部门负责影响和推动各个部门压缩新一年的预算。可想而知，财务部门遇到了很大的阻力：一方面各个部门确实不愿意让自己部门手里的钱越来越少，另一方面大家在如何有效压缩预算方面的经验不足，不清楚应该能从哪些方面来省钱。由于各个部门的实际情况很不一样，财务部门确实没有办法做到万事通，不可能完美解答大家提出的各种问题。在这种情况下，我们就要发动大家的群体智慧，让各个部门一起群策群力，相互出主意来解决各种问题。

每周三和周五我们会召集各个部门负责人和秘书（秘书对于细节情况比较了解）开会讨论关于压缩预算的事。在开会的过程中，每个部门要先分享一下自己部门在压缩预算方面想到的好办法，这样其他部门可以马上学到。然后，每个部门要把遇到的问题说出来，大家一起帮忙想办法解决，而且原则上不否定任何人的建议，同时可以在他人建议的基础上提出更加优化的建议，比如有的人建议压缩差旅方面的预算，其他人不能否定这个方向，但是可以优化，可以说：“压缩差旅预算确实是个方向，同时我建议进行差旅情况的细分，哪些差是可以不出的，我们通过电话沟通就可以解决，哪些差是必须出的，我们看看有没有成本更低的方式。”最后，大家汇总这次会上讨论出来的可以用到的压缩预算的好方法，回去利用这些方法来压缩预算，并注意收集新的方法和问题，以供下一次开会讨论。正是利用这种群体智慧的方法，我们大概只用了两周就完成了各个部门压缩预算的目标。

在这个过程中，我们用到了索诺威尔基的四个原则：多元化，把各个部门都召集起来，大家专业和背景都不相同；独立性和平等性，每个部门都可以发言，其他部门一定要倾听，而且只能优化不能否定每个人的建议；汇聚，每周两次把大家汇聚在一起，把好方法和遇到的问题汇聚在一起，然后共识出可以用的好方法。

策略 5，运用组织因素提升当事人意愿的策略：展示进展并激励。

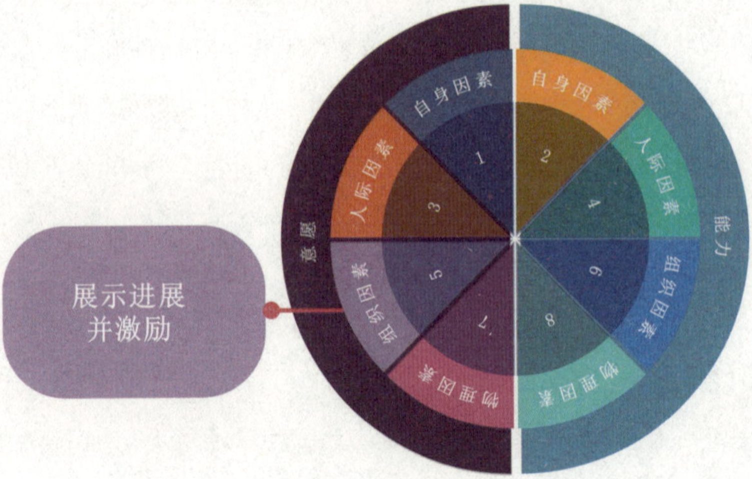

图 10-7：运用组织因素提升当事人意愿的策略

组织因素对当事人意愿造成的阻力是和公司的激励制度相关的，比如公司没有建立相关的激励制度，或者现有的激励制度和员工希望的方向不一致，都会导致其意愿或积极性下降。因此，我们的影响力策略是建立“展示进展并激励”的组织机制来激发大家参与的意愿，消除这方面的阻力。

2011 年，特蕾莎 · 阿贝尔和史蒂夫 · 克雷默两位学者在《哈佛商业评论》上发表了文章《小成就的力量》，提出了**“取得成果能够提升员工意愿”**的重要结论，他们特别强调：“因为取得进展而获得动力是人性的本能，但是很少有经理人能领悟到这一点，或者有效地用每一点进步来激励士气。”哈佛商学院的终身教授约翰 · 科特在《变革之心》一书中也提出了类似的观点，称为“创造短期成效”。科特认为：当需要影响和推动大家参与重要项目时，我们一定要把时间和精力先集中在一些能够快速取得确定性成功的方面，因为这些短期成效能够带来非常积极的作用。

1）可以为项目负责人提供必要的反馈，从而使他们对自己制订的计划或设定的目标有更为明确的认识。

2）可以使那些支持该项目的人得到鼓励和信心。

3）让那些犹豫的人看到成果，增加信心，加入进来。

4）让那些反对者看到积极成果，改变想法加入进来，或者不再有反对的理由。

总之，人们看到了这些短期成效之后，局面就会大大改观：乐观的情绪会渐渐增长，整个组织都会变得更加有活力，而且人们参与其中的信念也会越来越坚定。如果没能及时看到短期成效，大家就会逐渐丧失信心，反对的声音就会越来越高涨，我们离失败也就不远了。

克里斯·麦克切尼是美国的知名领导力专家，尤其擅长通过展示进展进行激励，他分享过一个很有启发的故事。有一年，卡特里娜飓风席卷了美国各地，被毁的建筑随处可见。飓风过后，某个城市在周五晚上举办了一场当地高中橄榄球队的比赛。刚开赛的时候，球场上座率很高，观众席上坐满了人，大家都在给自己支持的球队呐喊助威，气氛非常热烈。但是没过多久，呐喊声逐渐平息，观众的热情开始下降。原来，以前竖立在高处并且非常醒目的记分板被飓风刮倒后还没来得及修复，大家根本看不到比分和比赛时间，只有赛场边的记录员把比分记在自己的小本上。观众们看不到比赛的关键数据，逐渐丧失了观赛的热情。所以，麦克切尼特别强调展示进展的重要性，一定要让参与者看到进展，比如建立一个醒目的进展牌、积分榜等。

在上一章中谈到了某公司因为给销售设置的激励制度不合理，导致应收账款拖延的案例。针对这个问题，可以用“展示进展并激励”的方法帮助该公司重新设计激励制度来提升销售催收应收账款的积极性。

首先，把销售提成奖金分成“预付款提成奖金”和“应收账款提成奖金”两个部分，按照比例进行发放。客户签订合同并且支付预付款之后，公司会及时把对应比例的预付款提成奖金发给销售。随着应收账款的回收，公司再把对应比例的应收账款提成奖金发给销售。

然后，建立月度收款成绩排名榜。公司里所有的销售、销售管理者以及公司高管每个月都能看到销售以及销售团队的收款成绩排名。

最后，进行公开的激励和提醒。对于收款成绩排名前三的销售以及销售团队，公司高管会在收到排行榜邮件之后，回复邮件鼓励和表扬，并抄送所有人，同时提醒其他销售要注意加快收款。在季度销售总结会议上，对于本季度应收账款处理及时彻底的销售以及销售团队，公司销售总监会在所有销售团队面前给他们发放奖金，同时提醒在排行榜上排名靠后的销售和团队下一阶段尽快收款。

通过“展示进展并激励”的组织机制，提升了销售团队催收应收账款的意愿，大大缓解了公司现金流不足的压力。

策略 6，运用组织因素提升当事人能力的策略：优化流程和工具。

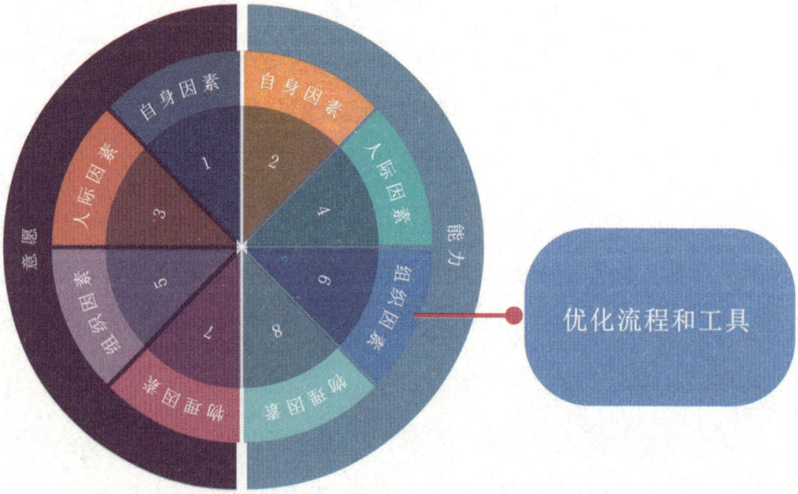

图 10–8：运用组织因素提升当事人能力的策略

组织因素对当事人能力造成的阻力是和公司的流程、资源以及工具相关的，比如你希望当事人做的事情有一定难度，需要公司提供清晰的流程、一定的资源或好用的工具等才能做到，但是目前公司没有这方面的流程、资源或工具，或者流程复杂、资源不足以及工具难用，结果当事人得不到能力上的支持。因此，我们的影响力策略是通过优化流程以及提供好用的资源和工具来给当事人能力上的支持，消除这方面的阻力。

美国知名管理学家迈克尔 · 哈默凭借其“流程再造理论”对美国企业的贡献，被《商业周刊》称为“20 世纪 90 年代四位最杰出的管理思想家之一”。所谓“流程再造”，简单地说就是以工作流程为中心，重新设计企业的经营、管理及运作方式，改造原来的工作流程，以使企业更适应未来的生存发展空间。这一理论曾震动管理学界，受到人们的广泛关注，涌现出大批成功的范例。从 1994 年开始，美国 75% 的顶尖大公司都陆续进行了流程再造。

作为咨询顾问，我曾经参与某软件公司的流程再造项目。该公司的销售部门和项目实施部门经常相互投诉，两个部门之间积怨已久。通过调查，我们发现两个部门之间的工作流程存在很大问题。销售部门为了争取到客户的订单，经常给客户做出一些项目实施部门无法做到的承诺，比如：缩短软件定制开发时间、免费增加定制开发功能等。但是在和客户签合同之前，项目实施部门都没有参与到和客户的沟通中，所以对销售给客户做了哪些承诺根本不清楚。等走完了销售流程，项目实施部门接手之后，他们才发现销售给客户的很多承诺根本无法兑现。但是因为合同已经签了，客户有正当理由要求项目按照合同执行。这种局面不但给项目实施部门带来了很大的交付压力，而且无形中给公司增加了成本。因此，项目实施部门对销售部门怨声载道。

了解问题之后，我们改造了相关的流程。首先，在客户对他们公司的软件服务产生购买兴趣之后，项目实施经理就会介入和客户的沟通环节，销售主要负责做好客户关系，项目实施经理则通过和客户沟通来管理客户的期望值。其次，在签合同之前，销售给客户的各种承诺要得到项目实施经理的书面确认。这样便于项目实施经理提前评估并准备相关的资源，为后期实施做好准备。通过流程优化，两个部门之间的协作越来越顺畅。

策略 7，运用物理因素提升当事人意愿的策略：环境升级。

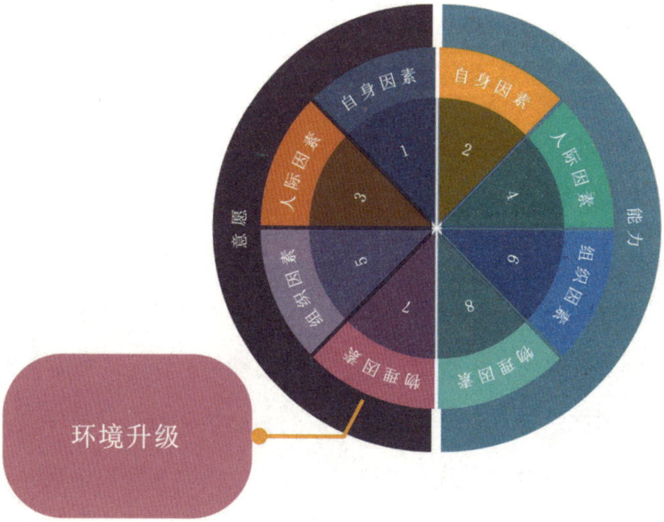

图 10—9：运用物理因素提升当事人意愿的策略

物理因素对当事人意愿造成的阻力是指当事人所处的物理环境（包括：温度、湿度、声音、光线、距离等）会对其造成危险（比如工作的厂房很容易倒塌等）或者让其厌恶（比如气味难闻、温度过高等），就会导致当事人的意愿或积极性下降。因此，我们的影响力策略是进行“环境升级”来消除危险和让人生厌的因素，提升大家参与的意愿。

通过物理环境升级来提升人们的意愿涉及一个复杂的交叉学科——环境设计（Environment Design），是指用设计的手法对物理环境进行创造和改造，让人们能在环境中获得更好的体验。作为一种新兴的学科，环境设计涵盖的范围相当广泛，包括建筑学、人类工程学、环境心理学、设计美学、环境生态学和环境行为学等学科。依托环境设计的研究成果，我们可以通过**“改变环境暗示”**来进行环境升级。

1969 年，美国斯坦福大学的知名心理学家菲利普 · 津巴多进行了一项实验：第一阶段，津巴多把一辆车停放在加州帕罗奥托的一个中产阶级社区，并且把所有车窗关好。结果一周过去了，这辆车完好无损；第二阶段，津巴多用锤子把这辆车其中一个车窗的玻璃敲碎，结果没过多久，这辆车就被偷走了。以这项实验为基础，詹姆士 · 威尔逊和乔治 · 凯琳提出了著名的**“破窗理论”**，他们认为：环境因素会通过暗示来影响人们的意愿，比如环境中的不良现象如果不被及时去除，就会对人们形成暗示，提升人们做坏事的意愿。因此，通过改变环境暗示，就可以影响人们的意愿。

罗恩 · 马歇尔曾是博德斯集团的 CEO，他成功利用改变环境暗示的方法提升了员工积极参与变革的意愿。在博德斯集团总部的大厅里，有一面墙上显眼地挂着十几张从 1885 年起的历任 CEO 的画像，而且已经被挂了很多年。这些画像标志着 CEO 们的丰功伟绩，也展示了公司在过去的岁月中所取得的不凡成就。当马歇尔被聘为 CEO 后，他发现这一墙的画像对员工们形成了强烈的暗示，让大家觉得公司历史悠久且非常成功。但是当时公司面临的商业环境已经发生了很大的变化，公司急需朝以客户为中心的方向进行变革。因此，当有人问马歇尔什么时候会把自己的画像挂上去时，他做出了一个让所有人吃惊的决定：将所有 CEO 的画像都摘下来，挂上了客户商店的照片。很快，这一行动也成了公司议论的焦点。

通过调整照片对员工形成新的环境暗示，让大家开始思考以客户为中心的重要性，激发了大家参与变革的积极性。在客户照片被挂上去不久之后，越来越多的中高管来找马歇尔表达了应该多关注客户的意愿。而且公司的重要合伙人也认为，如果真的要改进客户服务水平，就得摘掉老画像中暗示的居功自大的旧形象，建立以客户为中心的新形象。

就是这一个小小的改变，却对大家产生了明显的影响，提升了大家参与变革的意愿，帮助马歇尔顺利地推动了变革。

策略 8，运用物理因素提升当事人能力的策略：利用环境辅助设计。

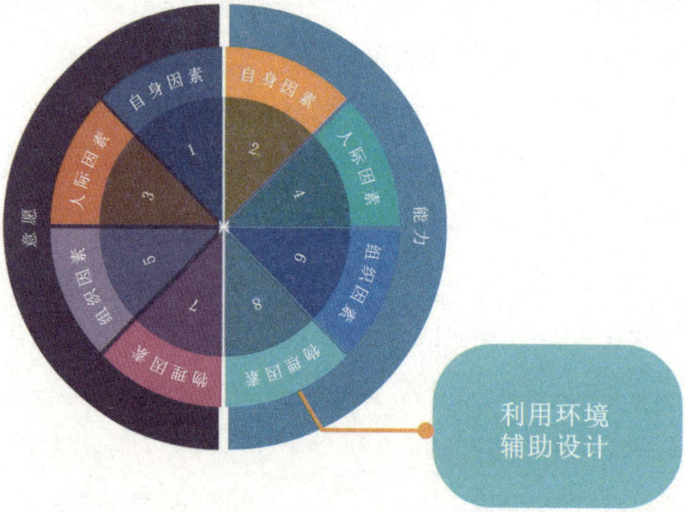

图 10-10：运用物理因素提升当事人能力的策略

物理因素对当事人能力造成的阻力是指当事人所处的物理空间（包括：温度、湿度、声音、光线、距离等）会影响其能力的发挥，比如物理空间中的光线昏暗、声音嘈杂等影响了大家的视觉、听觉等感觉，也就降低了人们的能力。因此，我们的影响力策略是利用环境辅助设计，给当事人提供能力方面的辅助支持，消除这方面的阻力。

“环境辅助设计”是指将物理环境中各种因素（空间、光线、距离、声音、温度、湿度等）进行优化设计，让环境能够更好地辅助人们发挥自己的能力。环境辅助设计属于环境设计的学科范畴，虽然概念比较新，但其应用随处可见，比如前文讲过国内大部分写字楼是在“新冠”疫情期间才开始在电梯按钮下方放置免洗洗手液，而在杜邦的办公楼内，免洗洗手液是常年放置的，足见其对员工安全生产的重视。

我曾经参与过某互联网公司推动研发团队提高创新效率的项目。该公司希望利用两年的时间来影响和推动各个研发团队提出一些有潜力的创新业务，帮助公司找到新的业务增长点。在项目的第一阶段，为了提升各个研发团队的创新能力，我们为大家提供了各种创新培训课程，教给各个研发团队多种创新方法和工具。但是一段时间之后，还是没有发现特别好的创新点子。该公司由于发展速度很快，员工数量也大大增加，已经选好了新的办公地点准备三个月后入驻。当时正在设计装修方案，我们就从环境辅助设计的角度给了一些建议，希望利用环境辅助设计来提升研发团队的创新能力：

第一，利用环境辅助设计创造液态环境。“创新往往出现在液态环境中。”[20]所谓“液态环境”，是指人或信息可以更加自由而广泛流动的环境。在这种环境中，创新更容易出现。

20　美国著名科普作家和媒体理论家史蒂文·约翰逊《伟大创意的诞生》。

很多美国高科技企业为员工们营造了“液态环境”，比如：乔布斯买下皮克斯动画工作室后，亲自主导设计皮克斯总部大楼。乔布斯非常了解“要让不同部门的员工流动起来，创造更多偶遇的对话机会，才能促进创新”的道理，所以，他想尽办法让公司不同部门的人员能够进行最大限度的交流。因此，皮克斯大楼内部设计了一个面积很大的“中庭”，员工们要穿过这里才能到达自己的工位。谷歌也深谙此道，他们不但把员工餐厅集中建设在一起，而且要求餐厅运营时要让员工排队取餐时等候 4 分钟，借此来促进交流。

因此，我们建议公司在新办公室的装修方案中也做了如下的环境辅助设计来创造“液态环境”：一是在同一楼层安置不同业务的研发团队，不要只安置单一业务的研发团队；二是把茶水间和文件打印等公共区域统一放在每一层楼靠近中间的区域。这样不同业务的研发团队同事都能被吸引到一个公共区域，容易创造出信息多样流动的“液态环境”。

第二，利用环境辅助设计让创新显性化。虽然营造这种“液态环境”很重要，但是只有口头交流是不够的，因为很多时候人们很难用语言来形象地表达自己比较复杂的意思，而且口头交流的结果也没有形成书面的记录，这样会大大降低员工们的创新能力。所以，如果环境当中有能够帮助员工把交流过程中产生的隐性创意显性化的辅助设计，就能大大提升员工们的创新能力。下图是微软采用“无处不在的白板”作为环境辅助设计：

图 10-11：会议室玻璃可以当白板使用

图 10-12：休息区沙发对面摆着一个大大的白板

图 10-13：走廊过道两侧的玻璃也可以当白板

李开复老师在自传《世界因你不同》中就对白板做了生动地描述：“那段时间，凡是到微软研究院来参观的客人，都会忍不住感叹：‘这里怎么有那么多写字的白板？’有的客人坐在我们的休息室里，会惊讶地发现，就连手边的茶几都能‘写字’！”在微软亚洲研究院最大的会议室“指南厅”里，可以看到正方形、长方形，甚至是圆形的白板，整整一面的“白板墙”，还有把办公室的柱子用毛玻璃包起来做白板。李开复老师还亲自设计了“白板茶几”，可以随手把想到的要点写在桌子嵌入的白板上，微软把能放白板的地方都放上了白板。

所以，我们也建议公司在新办公室的设计方案中尽量在员工容易聚集交流的地方多装白板，比如：茶水间、文件打印机旁的空间、几个部门都要经过的路口以及大小会议室等。白板如同一个“外置大脑”，帮助员工们在相互偶遇沟通时把产生的灵感及时记录下来，让想法更形象直观，降低沟通障碍，激发对方的灵感，并将双方的想法融合，引发更加深入的讨论，最后产生更好的创新点子。

通过环境辅助设计，一方面创造了“液态环境”，另一方面利用白板把大家交流的创意显性化，让各个研发团队更容易跨界沟通碰撞出创新的火花。在之后一年多的时间里，最终孵化出了两个创新业务，这两个新业务都是跨业务结合的结果，给公司带来了新的增长点。

策略 9，多管齐下，效果更佳。

还记得美国医疗改进协会（IHI）的博维克医生吗？他带领 IHI 运用了多种影响力策略，比如：让医院的管理者们目睹因医疗事故失去女儿的母亲的感人演讲（利用了“目睹—感受—改变”的策略）；请北卡罗来纳州州立医院协会主席作为意见领袖来倡导各大医院重视缺陷率问题（利用了“意见领袖”的策略）；给医生提供清晰的操作指引和培训（利用了“精深训练”的策略）；先扶持配合度高的医院做出成效，再用这些成效去影响更多医院（利用了“展示进展并激励”的策略）以及让各大医院之间定期交流心得（利用了“群体智慧”的策略）等，才有效影响了全美几千家医院共同完成了“18 个月拯救 10 万条生命”的目标。

所以，我特别想告诉大家的是：对应八个方面的阻力，我们提供了八种有针对性的影响力策略，但是没有一招克敌的制胜秘诀。想要达到好的影响效果，**我们必须多管齐下，组合使用多种影响力策略。**

CODE OF INFLUENCE

影响力密码

PART FOUR

第四部分

胜利在望

THE END

收尾篇

成为影响力高手

学习了上面的影响力方法之后，掌握本章的练习方法，你就可以成为影响力高手！

“影响力的大小，是不是天生的？有的人生来就很善于发挥影响力，有的人就是不行！”其实有这样的想法很正常，因为我们往往会把很多自己做不好的事情归咎于天赋或性格，这样即使做不好也有了让自己心安理得的理由。但是心理学家通过各种实验已经证明：这样的想法是错误的，我们认为归于天赋的很多能力，都是可以通过一定的方法提高的！

斯坦福大学的心理学家沃尔特·米歇尔教授通过著名的“棉花糖实验”发现：有些孩子天生能够抵御诱惑，具备较强的延迟满足能力，而且他们在后来的人生中获得了更大的成功。

他请一群 4 岁左右的孩子来参加实验，并让每个孩子单独进入一个房间，然后给他们每人一块大大的棉花糖。显然，没有哪个孩子不喜欢吃棉花糖。把孩子带进房间的工作人员会亲切地告诉孩子，他要出去一会儿，同时给每个孩子两个选择：如果孩子想吃那块诱人的棉花糖，可以马上吃掉；但是如果孩子选择等 15 分钟直到工作人员回来之后再吃，那么孩子就可以得到两块棉花糖。随后，工作人员就走出了房间。

面对香甜的棉花糖，孩子们开始在椅子上坐立不安，因为抵御这么大的诱惑对他们来说不是一件容易的事。虽然等到大人回来，他就能得到两块棉花糖，但是对 4 岁大的孩子而言，面前的诱惑太大了，大多数孩子没有等到大人回来，就把棉花糖吃掉了。只有少数孩子成功地抵御住了棉花糖的诱惑，等到了工作人员归来，得到了第二块棉花糖。

接下来，米歇尔对孩子们进行长达几十年的持续跟踪研究，直到这些孩子长大成人。他发现，那些能够延迟满足等到第二块棉花糖的孩子们长大后，在社会上更具竞争力、更自信和可靠；他们在全美 SAT 考试中，平均得分要比那些没有忍住诱惑吞下棉花糖的孩子高出200多分。可见，天生具备了延迟满足能力的孩子是多么的幸运，但是这样的孩子太少了。

延迟满足能力可以通过锻炼后天习得吗？人类学习领域的心理学家班德拉对此问题非常关注。于是在1965年，米歇尔和班德拉共同进行了一项研究，测试延迟满足能力是否可以通过后天学习掌握。

首先，在类似棉花糖研究的实验中，这两位学者观察所有参与实验的孩子们的表现，找出不能延迟满足的孩子。然后，他们把这些孩子和懂得如何延迟满足的成年示范人员放在一起。让这些贪吃的孩子观察成年人是如何做到延迟满足的，比如有的大人在低头打盹儿，有的则从椅子上站起来做操，因为这样可以转移注意力。通过这种巧妙的方法，原本"迫不及待的孩子"学到了延迟满足的方法。令人高兴的是，孩子们也开始效仿这些行为，并成功地抵御了诱惑，提高了延迟满足能力。

这项实验的结果对所有人而言都是好消息：就连孩子都可以通过观察、模仿、学习来提升自己延迟满足的能力，也就是说这项能力完全是可以通过后天的学习提高的！

另一位心理学家安德斯·埃里克森也给出了极为接近的研究结论。我们常认为"尺有所短，寸有所长"是个显而易见的道理，但埃里克森在其学术生涯中一直致力于研究这个道理背后的原因，为何有些人比另一些人更擅长某些事情。埃里克森对于各个领域的成功者如何获得成功提出了一个有趣的诠释：他根本不相信辉煌的成就源自与生俱来的天赋、高智商或者超凡的身体素质。他指出，任何领域的佼佼者之所以鹤立鸡群，是因为他们非常注重刻意练习。

所以，对于提升自己的影响力，我们也要有信心，因为这项能力是可以通过后天的学习来提高的，关键的方法就是刻意练习。

那么如何进行刻意练习呢？埃里克森为我们提供了以下的建议：

1. 真正投入精力进行练习。

刻意练习要求我们真正投入精力来专注地练习。在准备开始之前，必须要告诉自己，中途绝对不允许随性而为或是三心二意，只有真正投入精力才能更扎实地提升影响力。如果只是敷衍了事，不但起不到练习的作用，还浪费了自己的时间。所以，我们需要根据自己的实际情况，在投入练习前先考量一下自己的时间和精力，下定决心并愿意拿出一定的时间和精力后，再投入练习。

心理学家麦克斯威尔·马尔茨提出：人们养成一个新的习惯，需要28天的时间。因此，在准备进行练习之前，自己先想清楚一个问题：**“我愿意并且能够拿出一个月的时间来投入精力进行练习吗？”**

2. 将复杂的技能拆分成细项。

1984年，在东京国际马拉松邀请赛上，名不见经传的日本选手山本田一出人意料地夺冠。当记者问他凭什么取得如此惊人的成绩时，他说了一句话：“凭智慧战胜对手。”当时很多人都认为这个偶然获胜的矮个子选手是在故弄玄虚。马拉松赛是体力和耐力的运动，只要身体素质好又有耐性就有希望夺冠，爆发力和速度还在其次，说用智慧取胜确实有点勉强。

两年后，意大利国际马拉松邀请赛在米兰举行，山本田一代表日本参加比赛。这一次，他又获得了冠军。山本田一生性木讷，不善言语。当记者请他谈经验时，他的回答仍是上次那句话：“用智慧战胜对手。”这次记者在报纸上没再挖苦他，但对他所谓的智慧迷惑不解。

10 年后，这个谜底终于揭开了。他在自传中写道：“每次比赛之前，我都要乘车把比赛的路线仔细看一遍，并把沿途比较明显的标志画下来。比如，第一个标志是银行；第二个标志是一棵树；第三个标志是一座红房子……这样一直画到赛程终点。比赛开始后，我就奋力地向第一个目标冲去，等到达第一个目标后，我又以同样的速度向第二个目标冲去。40 多千米的赛程就被我分解成一个个小目标跑完。我刚开始练习马拉松时，并不懂得这样的道理，我把目标定在 40 多千米外的终点线上，结果我跑到十几千米的时候就已疲惫不堪，我被前面那段遥远的路程吓倒了。”

和山本田一跑马拉松一样，我们在练习中也需要把提升影响力这个大技能拆分成小细项，逐一练习提升。这样做的好处是显而易见的。首先，降低练习的难度，通过练习更容易掌握，这样能给我们更大的信心。其次，大技能拆分后，哪个部分掌握得不好，更容易定位到问题，然后有针对性地练习提高。

就发挥影响力来说，书中的模型主要有两个：一是沟通型影响力模型，二是策略型影响力模型。我们在练习时至少可以拆分成两部分进行练习。在沟通型影响力模型中，我们又可以根据自己的实际情况进行拆分。比如，有的人事前准备的能力够强，但是沟通影响的能力有待提高，那么可以重点练习沟通影响的能力。同样的道理，在策略型影响力模型中，也可以根据自身的实际情况进行练习。

下表是一份“影响力自我评估表”，方便大家进行拆分和定位需要加强练习的细项：

影响力密码				
方面	训练细项	欠缺	掌握	熟练
沟通型影响力	平时积累			
	事前准备			
	沟通影响			
	事后巩固			
策略型影响力	明确目标			
	识别关键			
	分析阻力			
	施加影响			

3. 及时获得反馈。

在练习过程中及时获得反馈非常重要。如果做得不好，可以通过反馈及时改进；做得好，也可以及时得到鼓励，增强信心。通常来说，获得反馈的方法有两种：自我反馈和他人反馈。

自我反馈，就是自己想办法通过一些方法来发现自身做得好的方面和需要改进的方面，有两种方法：

1）和高手进行对比分析。比如很多棋手每天会花好几个小时将自己的走法与世界级棋手的走法进行比较。他们会先下出自己认为最好的招数，然后与大师的步法进行比较。当与大师的走法不同时，他们就会停下来仔细揣摩大师的用意、反思自己的疏忽。通过和高手进行对比，棋手能及时地知道自己何时走错了棋，并从自己的错误中吸取经验教训。在职场中，你也可以利用这种思路。找到你认为具有高影响力的同事作为标杆，和标杆对比来发现自己在影响力方面的差距，比如类似的事情，标杆是怎么影响他人的，你又是如何影响他人的，通过和标杆的对比，你学到了什么。

2）对比自己前后的表现。美国游泳名将娜塔莉·考芙琳获得过 12 块奥运会奖牌，是世界上获得奥运会奖牌最多的运动员之一。她的制胜秘诀是在每次比赛中，通过减少划水的次数来保存耐力，从而战胜对手。因此，她在训练时特别关注自己每次划水的细微变化。每游完一圈，娜塔莉都清楚地知道自己完成一圈的划水次数，并与前一圈自己划水的数据进行对比，发现问题，然后她会调整手的姿势为下一圈做准备。在工作中，我们也可以借鉴这种方法。对于类似的影响力场景，我们可以对比自己前后两次运用的影响力方法以及两次的效果来发现哪些方法更有效。

通过他人获得反馈也是一种好方法。我建议大家找一个伙伴，两个人一起练习，互相给予对方反馈，利用这种方法你会提高得很快。因为在练习过程中你同时具有两个角色（学生和老师），这两个角色促使你从不同的角度去理解和练习技能。

对方给你反馈时，你是学生，可以快速地了解自己练习的进展；你给对方反馈时，你是老师，从旁观者的角度给予对方建议，也是在练习技能。

所以，现在你要想一想：**“我邀请谁和我一起练习？”**

4. 为挫败做好准备。

就像婴儿学步会摔倒一样，我们在练习技巧的过程中也会犯错。这是正常的，要做好心理准备。而且如果不能以平常心来看待练习中的挫败，一旦遇到问题，我们就会觉得气馁，进而丧失继续努力的信心。

为挫败做好准备的关键是：不要把挫折当成路障，而是把它当作路标。

遇到练习中的挫折，千万不要这么想：“看来对于这件事，我根本没办法影响。”这种想法就像是路障，让你不再去努力。

你可以想：**“对于这件事，我发现这样的影响力策略行不通，下次就不用为此浪费时间了，我再试试其他方法。”**这么想，你其实是把错误当成了路标，发现这条路不通，我们可以去尝试其他的路。

以上就是通过刻意练习提升影响力的四个关键方面。你可以邀请一位小伙伴一起用一个月的时间来提升你们的影响力！接下来就到了你真正行动的时候了！

“影响力提升”行动计划表					
练习时间： 年 月 日 — 月 日			练习伙伴：		
自我承诺：					
方面	训练细项	欠缺	掌握	熟练	时间安排
沟通型影响力	平时积累				
	事前准备				
	沟通影响				
	事后巩固				
策略型影响力	明确目标				
	识别关键				
	分析阻力				
	施加影响				

成为影响力高手的30个工具

【影响力工具1 · 沉没成本】

沉没成本是指如果我们放弃了正在做的事情，就会让前期付出的精力、时间和金钱等都损失掉，这部分损失被称为沉没成本。心理学家发现：相对于收益，大多数人更厌恶损失。

【影响力工具2 · 锚定效应】

人们在对某人某事做出判断时，易受第一印象或最先接收到的信息的支配，就像沉入海底的锚一样，把人们对这些人和事的判断标准固定下来。锚定效应在谈判或销售中经常被使用。

【影响力工具3 · 基本归因错误】

人们其实并不善于正确地分析原因，而总是快速做出错误的结论。大多数时候，人们习惯从动机和个性这两个角度来看待和评论他人，而不是从更全面的角度来考虑。

【影响力工具4 · 情感账户】

情感账户是在人际关系方面的一种比喻。“你必须把每一次人际交往，都看成是在他人情感账户内存款的一个机会。”只有平时注意往情感账户里多存款，当你需要请别人帮忙时，你才有款可取。

【影响力工具5 · 社交天性】

大脑天生就喜欢社交，人们对社交的需求甚至大于对食物的需求，你不用担心别人不喜欢交朋友。社交会大大激活大脑中的奖赏系统。

【影响力工具 6 · 结构洞】

如果两个人际网络之间没有任何联系，存在一个空白或者说空洞，这就是结构洞。如果有人能够建立连接，填补这个空洞，这个人的价值就非常大，因为他整合了不同社交圈子或领域的资源。我们应该和占据结构洞的人建立联系，这样就可以把影响力向多个人际网络扩散。

【影响力工具 7 · 微笑效应】

一个真诚的微笑就能帮助你在短短的半秒钟内赢得对方的好感！

【影响力工具 8 · 四大理由】

“为什么是我来做这件事？”——如果希望成功影响他人，让对方参与协作，就要有充分的理由来回答“为什么”。在沟通之前，可以从“于公，于私，于情，于理”四个方面来准备理由。

【影响力工具 9 · 两种互惠】

直接互惠，是指虽然你需要得到对方的协助才能完成本次工作，但是这项工作的完成本身也会给对方带来好处，你需要做的就是在本次协助完成后，给对方兑现收益。

间接互惠，是指虽然这次对方帮了你并没有从中得到实质性的收益，但是未来你可以让对方在其他方面得到好处。

【影响力工具 10 · 共赢心态】

一方面，在和对方沟通之前，提醒自己在双方沟通过程中要倾听了解对方的实际情况和诉求；另一方面，让对方通过此次协作也能获益。

【影响力工具 11 · 最后通牒效应】

在沟通收尾阶段一定要和对方就协作的细节（尤其是时间期限）进行明确并达成共识。如果没有设定时间期限，人们往往会往后拖，只有设定了最后期限人们才会在最后期限之前去完成，这就是心理学中的“最后通牒效应”。

【影响力工具 12 · 选择权衡原理】

人们在选择做哪些事情，不做哪些事情时，会思考自己的选择在未来会带来什么样的结果。如果想让人们愿意去做某件事，就要让他们知道这么做相比其他选择会带来更好的结果。

【影响力工具 13 · 兑现承诺】

兑现承诺的行动本身就是一种影响力。我们先“以身作则”去行动，对方是看得见的，自然就会对他们有触动作用。

【影响力工具篇 14 · “第一”效应】

成为“第一”会大大提升你的个人品牌，因为人们往往只对“第一”印象深刻。

【影响力工具 15 · 二八法则】

“二八法则”可以帮助我们更好地理解什么是关键点。结果、产出或回报的 80% 往往取决于 20% 的原因、投入或努力。只有找到那些能起到很大影响效果的少数关键点，才能事半功倍。

【影响力工具 16 · 意义法则】

如果你做的事情对于被影响者非常有意义，这种意义就会感召越来越多的人来帮助你，也就是说你借助意义扩大了自己的影响力。

【影响力工具 17 · 聚焦法则】

人类大脑的并行计算能力很有限，大脑无法同时专注于两件事情，两件事会争夺大脑重要部位的计算能力。所以，最好一次只聚焦到一件事情上。

【影响力工具 18 · 干扰法则】

艾伦 · 范恩是全球知名的高管教练，他的 GROW 模型是目前商业教练领域使用最广泛的教练模型，范恩提出了提升人们表现的核心理念：提升人们表现的关键在于消除干扰。

【影响力工具 19 · 名正言顺法则】

当我们在公司内部需要影响很多人去推动某件事情时，如果这件事情不是对方职责范围内必须要做的，推动起来确实会有难度。但是如果公司的中高层通过正式的信息渠道来公布支持你的消息，这样你就“名正言顺”了，下一步再去影响各个部门就会更加顺畅。

【影响力工具 20 · 正面示范】

如果你要推动的是一件大家之前没做过的事情，人们就会心存疑惑：“这件事靠谱吗？能做成吗？”最好的解决方式是先树立一个正面示范者，通过他的亲身实践证明这件事能做成，才能真正打消大家的顾虑。

【影响力工具 21 · 反抗首领】

当我们要推动大家完成某件事情，尤其是进行改变时，一定会出现不愿意配合的人，在这些反对者中，经过一段时间就会涌现出一个领袖型人物，我们把这个人称为“反抗首领”。找到这个人非常关键，如果我们能先影响反抗首领，扭转他的态度，他就能帮助我们影响其他反对者。

【影响力工具 22 · 简化选择】

在发挥影响力的过程中，我们让被影响者做的事情越繁杂，给他们带来的负担也就越大。只有让被影响者做少数关键的事情，才能降低他们的抵触情绪，从而达到最佳效果。

【影响力工具 23 · 从众心理】

“从众心理”，是指个人往往会受到群体决策的影响，而遵从群体的决定。

【影响力工具 24 · 工具原理】

如果你想让对方做的事情有难度，需要工具才能做到，就一定要及时为其提供好用的工具，否则他很可能无法帮你。

【影响力工具 25 · 安全试错】

心理学家发现：当人们需要通过练习掌握新的技能时，如果练习的环境不安全，就会对训练者形成强烈的干扰，让训练效果大打折扣，导致他们的能力提升缓慢。

【影响力工具 26・短期成效】

不断取得并展示短期成效，就能让大家更加努力。取得进展从而获得动力是人性的本能。

【影响力工具 27・液态环境】

液态环境，是指人或信息可以更加自由而广泛流动的环境。在这种环境中，创新更容易出现。

【影响力工具 28・路标法则】

如果不能以平常心来看待挫败，一旦遇到问题，我们就会气馁，进而很有可能丧失继续努力的信心。应对挫败的关键是：不要把挫折当成路障，而是把它们当作路标。

【影响力工具 29・延迟满足】

那些能够抵御诱惑、具备较强的延迟满足能力的人，他们的人生能获得了更大的成功。

【影响力工具 30・拆分细项】

将复杂的技能拆分成细项，降低难度，更容易掌握，且在出现问题后，更容易定位，有针对性地解决。

参考文献

[1] 约翰 P. 科特. 变革之心（珍藏版）[M]. 刘祥亚，译. 北京：机械工业出版社，2013.

[2] 王明伟. 积极达成：处理好情绪，再处理问题 [M]. 北京：机械工业出版社，2014.

[3] 简·麦戈尼格尔. 游戏改变人生 [M]. 闾佳，译. 北京：北京联合出版公司，2018.

[4] 史蒂芬·M·R·柯维，丽贝卡·R·梅丽尔. 信任的速度 [M]. 北京：中国青年出版社，2016.

[5] 古典. 跃迁 [M]. 北京：中信出版集团，2017.

[6] 瑞·达利欧. 原则 [M]. 刘波，綦相，译. 北京：中信出版集团，2018.

[7] 冯唐. 成事 [M]. 天津：天津人民出版社，2019.

[8] 西蒙·斯涅克. 从"为什么"开始 [M]. 苏西，译. 深圳：海天出版社，2011.

[9] 罗伯特·阿克塞尔罗德. 合作的进化 [M]. 吴坚忠，译. 上海：上海人民出版社，2016.

[10] 马丁·诺瓦克，罗杰·海菲尔德. 超级合作者 [M]. 龙志勇，魏薇，译. 杭州：浙江人民出版社，2013.

[11] 史蒂芬·柯维. 第 3 选择 [M]. 李莉，石继志，译. 北京：中信出版社，2013.

[12] 乔纳森·海特. 象与骑象人 [M]. 李静瑶，译. 杭州：浙江人民出版社，2012.

[13] 戴尔·卡内基. 人性的弱点[M]. 胡晓姣，乔迪，朱奕芸，译. 北京：中信出版社，2012.

[14] 罗伯特·B·西奥迪尼. 影响力[M]. 闾佳，译. 北京：北京联合出版公司，2016.

[15] 艾伦·范恩，丽贝卡·梅里尔. 潜力量：GROW教练模型帮你激发潜能[M]. 王明伟，译. 北京：机械工业出版社，2015.

[16] 理查德·塞勒，卡斯·桑斯坦. 助推[M]. 刘宁，译. 北京：中信出版社，2018.

[17] 萨提亚·纳德拉. 刷新：重新发现商业与未来[M]. 陈召强，杨洋，译. 北京：中信出版社，2018.

[18] 尼尔·弗格森. 广场与高塔[M]. 北京：中信出版社，2019.

[19] 丹尼尔·科伊尔. 一万小时天才理论[M]. 张科丽，译. 杭州：浙江人民出版社，2015.

[20] 埃弗雷特·罗杰斯. 创新的扩散[M]. 唐兴通，郑常青，张延臣，译. 北京：电子工业出版社，2016.

[21] 王明伟. 商业预测：构建企业的未来竞争力[M]. 北京：机械工业出版社，2017.

[22] 史蒂文·约翰逊. 伟大创意的诞生：创新自然史[M]. 盛杨燕，译. 杭州：浙江人民出版社，2014.

[23] 李开复，范海涛. 世界因你不同：李开复自传[M]. 北京：中信出版社，2015.